LE LIVRE D'HÉNOCH

Av. J.-C.

Traduit par François Martin (1906)

JDH Éditions

Les Atemporels

Les Atemporels

Qu'il s'agisse d'œuvres du vingtième siècle, du dix-neuvième, du dix-huitième ou encore plus tôt…

Qu'il s'agisse d'essais, de récits, de romans, de pamphlets…

Ces œuvres ont marqué leur époque, leur contexte social, et elles sont encore structurantes dans la pensée et la société aujourd'hui.

La collection « Les Atemporels » de JDH Éditions réunit un choix de ces œuvres qui ne vieillissent pas, qui ont une date de publication (indiquée sur la couverture), mais pas de date de péremption. Car elles seront encore lues et relues dans un siècle.

La plupart de ces atemporels sont préfacés par un auteur ou un penseur contemporain.

© 2024. Edico

Éditions : JDH Éditions pour Edico

77600 Bussy-Saint-Georges

Imprimé par Libri Plureos GmbH, Friedensallee 273, 22763 Hambourg, Allemagne

Préface : Jean-David Haddad

Réalisation et conception couverture : Cynthia Skorupa

ISBN : 978-2-38127-378-5

ISSN : 2681-7616

Dépôt légal : septembre 2024

PRÉFACE

Par Jean-David Haddad, Éditeur,
préfacier de « L'Ecclésiaste » (même collection)

Le Livre d'Hénoch est un texte ancien attribué à Hénoch, patriarche ayant atteint les 365 années au compteur avant de rejoindre l'éternité. Selon la Bible, il était le père de Mathusalem et le septième arrière-petit-fils d'Adam, par la lignée de Seth (et non celle de Caïn). Ce livre fait partie de la littérature apocryphe, c'est-à-dire qu'il n'est pas inclus dans le canon biblique juif ni dans la plupart des canons chrétiens. On peut considérer que les apocryphes sont des textes qui ont été censurés.

Ce « Livre d'Hénoch », dont on ne connaît pas réellement l'auteur, même si la plupart des exégètes le datent du Ier au IIIe siècle avant Jésus-Christ, a été oublié pendant des siècles. C'est pour cela qu'il n'y a pas eu de commentaires sur ce texte au Moyen Âge ni à l'époque des Lumières. Il a été redécouvert à la fin du XIXe siècle, notamment grâce à une version éthiopienne, et c'est ainsi que l'intérêt qu'il a suscité a généré de multiples traductions, dont celle que vous avez entre les mains, réalisée par François Martin en 1906. Un peu plus d'un siècle après, la traduction en question reste donc tout à fait lisible, compréhensible, et même proche de la contemporanéité.

Le Livre d'Hénoch est composé de plusieurs sections qui abordent divers thèmes, notamment :

— les veilleurs (anges déchus qui descendent sur Terre et s'unissent avec des femmes humaines, ce qui aurait donné naissance aux géants [les nephilim]) qui vivaient avant le déluge.

– les visions d'Hénoch sur le jugement dernier, le paradis, l'enfer et la destinée des pécheurs et des justes.

– les prophéties d'Hénoch concernant la fin des temps et le jugement des nations.

– La figure du Messie, souvent en lien avec le jugement divin.

Le Livre d'Hénoch a eu une influence considérable sur la pensée religieuse et mystique dans le judaïsme et le christianisme, en particulier sur les concepts d'ange et de démon, ainsi que sur l'eschatologie, c'est-à-dire les doctrines et croyances portant sur le sort ultime de l'Homme après sa mort (eschatologie individuelle) et sur celui de l'univers après sa disparition (eschatologie universelle).

Écrit à une époque où le christianisme n'existait pas, donc très probablement par des Juifs, il pose le principe de résurrection, qui est par la suite devenu cher aux Chrétiens tandis que les Juifs adhèrent beaucoup plus à celui de réincarnation.

Il fait écho à *L'Ecclésiaste*, un de mes textes bibliques préférés dont je me suis attribué, en tant qu'éditeur, l'honneur de préfacer. Dans *L'Ecclésiaste* (et ailleurs aussi dans la Bible), on parle du Schéol. Hénoch entre dans les détails de ce lieu qui nous paraît si sombre à la lecture de *L'Ecclésiaste*, et où l'on n'a vraiment pas hâte d'aller après la vie ! Ainsi, dans *Le Livre d'Hénoch*, il est écrit qu'en attendant des sanctions définitives par rapport à la vie terrestre accomplie, les âmes d'hommes se rendent après la mort dans ce séjour spécial qu'est le Schéol. Il se situerait à l'Occident, dans les cavités d'une grande et haute montagne. Les âmes seraient réparties en quatre sections :

– la section des justes martyrs.

– celle des autres justes.

– la section des pécheurs qui n'ont subi aucune punition sur la Terre.

– celle des pécheurs qui ont été persécutés par d'autres pécheurs.

Toutes les âmes demeureront en ces lieux jusqu'au jour du grand jugement : « Les damnés souffriront encore de l'obscurité et des vers : les ténèbres seront leur demeure et les vers seront leur couche ; le péché sera perdu dans les ténèbres pour toujours. Les anges du châtiment les tortureront aussi avec des fouets, des chaînes de fer et d'airain qu'on ne pourrait peser, tous les instruments de Satan qu'ils ont préparés dans la Géhenne. »

La notion de Satan apparaît beaucoup plus clairement ici que dans le reste de la Bible. Et on y trouve une dualité très marquée entre le bien et le mal, contrairement à *L'Ecclésiaste* qui ne distingue nullement le bien du mal mais le temps pour faire la fête de celui de la sagesse, le temps de la guerre de celui de la paix, etc.

Bien plus moralisateur, *Le Livre d'Hénoch*, qui explique les raisons du déluge, incite au jugement. Il est un des textes écartés du judaïsme, et non retenus par le christianisme, d'où son caractère apocryphe. Seule l'Église éthiopienne l'a donc retenu et l'a même considéré comme canonique.

Le Livre d'Hénoch est très recherché sur Internet de nos jours, alors que les textes spirituels interpellent de plus en plus à une époque où le clivage ne fait que s'amplifier entre ceux qui sont attachés à une foi, et ceux qui rejettent toute forme de croyance.

Plusieurs versions ont été éditées, très souvent en auto-édition.

Aussi, notre collection-phare Les Atemporels, qui accueille aussi bien des textes mystiques que de la littérature du domaine public, se devait de faire une place à ce texte aussi fascinant qu'il est contesté.

ΗΡΑΣ . . . Ν ΕΠΙ ΤΟΥΣ ΚΑΤΑΒΑΛΛΟΝΤΑΣ
ΒΙΑΖΟΜΕΝΟΥΣ ΗΜΑΣ ΚΑΙ ΤΑΣ ΕΝΤΕΥΞΕΙΣ
. . . ΝΟΥ . . ΑΠΕΔΕΞΑΝΤΟ ΟΥΔΕ ΕΒΟΥΛΟΝ
. . . ΠΑΚΟΥ . ΙΤΗ ΦΩΝΗΣ ΗΜΩΝ ΚΑΙ ΟΥ
ΑΝΤΕΛΑΜΒΑΝΟΝΤΟ ΗΜΩΝ ΟΥ ΧΕΙΡΟΝ
. . . ΟΣ ΚΑΤΑ . . ΟΝ ΒΙΑΖΟΜΕΝΩΝ ΚΑΙ ΚΛΟΕΕ .
ΤΩΝ ΗΜΑΣ ΑΛΛΑ ΟΣΤΕΡΕΟΥΟΙΝ ΑΥΤΟΥΣ ΕΦΥΛ
ΑΠΕΚΤΕΙΝΑΝ ΗΜΑΣ ΚΑΙ ΕΙΣ ΟΛΕΙΓΟΥΣ ΗΓΑΓΟΝ
ΚΑΙ ΟΥΧ ΥΠΟΔΙΚΥΟΥΟΙΝ ΠΕΡΙ ΤΩΝ ΠΕΦ .
ΝΕΥΜΕΝΩΝ ΗΜΩΝ ΚΑΙ ΟΥΚ ΑΝΑΜΙΜΝΗΣ
ΚΟΥΟΙΝ ΠΕΡΙ ΑΜΑΡΤΩΛΩΝ ΑΥΤΩΝ ΤΑ ΑΜ
ΑΡΤΙΑΣ ΑΥΤΩΝ ΩΜΝΥΩ ΥΜΙΝ ΟΤΙ ΟΙ ΔΙΑΤΕ
ΛΟΙ ΟΝΤΕΣ ΩΟΥΡΑΝΩ ΑΝΑΜΙΜΝΗΣΚΟΥΟΙΝ
. . . ΟΝ ΑΓΑΘΟΝ ΕΝΩΠΙΟΝ ΤΗΣ ΔΟΞΗΣ ΤΟΥ ΜΕ
ΓΑΛΟΥ ΘΑΡΣΕΙΤΑΙ ΔΗ ΟΤΙ ΕΠΕΒΛΑΙΩΘΗ ΤΗ ΕΝ
ΤΟΙΣ ΚΑΚΟΙΣ ΚΑΙ ΕΝ ΤΗΣ ΘΛΙΨΕΩΣ ΙΝ Λ . .
ΤΗΡΕΣ ΤΟΥ ΟΥΡΑΝΟΥ ΛΑ ΛΑΛΛΛ . ΤΕ ΙΝ ΚΑΙ ΓΑ
ΝΕΙ ΤΑΙ ΔΙΘΥΡΙΔΕΣ ΤΟΥ ΟΥΡΑΝΟΥ ΑΝΟΙΧΘΗ
ΟΟΝΤΑΙ ΥΜΙΝ ΚΑΙ Η ΚΡΑΥΓΗ ΥΜΩΝ . . ΚΟΥ
ΟΘΗΣΕΤΑΙ ΚΑΙ Η ΚΡΙΟΙΟ ΥΜΩΝ ΗΝ Κ . ΛΕΤΑΙ
ΚΑΙ ΦΑΝΗΟΤΑΙ . . ΩΟ ΣΥΛΛΑΒΗΟΘΑΙ ΥΜΩΝ
ΠΕΡΙ ΤΗΟ ΘΛΙΨΕΩΟ ΥΜΩΝ ΚΑΙ ΕΚ ΠΑΝΤΩΝ
ΟΤΙ ΟΜΕΤΕΡΧΕΝ ΤΩΝ ΒΡΑΧΟΜΕΝΩΝ ΚΝ
. . ΚΑΤΕΟΧΟΝΤΩΝ ΥΜΑΟ ΤΑ ΚΑΚΑ ΕΝ ΤΗ ΗΜΕ
ΡΑΤΗΟ ΚΡΙΟΕΩΟ ΤΗΟ ΜΕΓΑΛΗΟ ΚΑΙ ΟΥ ΛΗΗ
ΡΗΙΤΩ . ΟΟΙ ΑΜΑΡΤΩΛΟΙΟ ΚΥΛΗΟΕΟΘΑΙ ΚΝ
ΚΡΙΟΙΟ ΑΙΩΝΙΟΟ ΕΞ ΥΜΩΝ ΕΟΤΑΙ ΕΟ ΠΑΟΑΟ
. . ΟΤΕ ΓΕΝΕΑΟ ΤΩΝ ΑΙΩΝΩΝ ΑΛΗΘΟΡΕΙΟΘΑΙ
. . Α ΚΑΙ ΟΙΟΤΑΝ ΕΙΔΗΤΑΙ ΤΟΥΟ ΑΛΛΑΟ ΤΟΛΛΑΟ
. . Α ΤΟΧΥΟΝΤΑΟ ΚΑΙ ΕΥΟΔΟΥΜΕΝΟΥΟ ΚΑΙ
. . . Α . ΤΟΥΘ . ΑΥΤΩΝ ΜΗ ΤΗ ΝΕΟΘΑΙ ΑΛΛΑ
. . . ΑΠΕΧΕΟΘΑΙ ΑΠΟ ΠΑΝΤΩΝ ΤΩΝ ΑΔΙ
. Ν ΑΥΤΩΝ ΜΗ ΤΑΟ ΕΠΙΤΗΤΕΟΤΙ ΑΜΑΡΤΩ
. ΥΜΗ ΕΚ ΖΗΤΗΟΩΟΙΝ ΝΑΝΑΛΗΤΗ . ΙΥΕ .
. ΙΕΡΩΝ ΚΑΙ ΝΥΝ ΥΠΟΔΙΠΝΥΩ ΥΜΙΝ
. . ΩΟ ΚΑΙ ΟΚΟΤΟΟ ΗΜΕΡΑ ΚΑΙ ΝΥΞ ΥΠΟ
. ΟΥΟΙΝ ΤΗΟ ΑΜΑΡΤΙΑΟ ΥΜΩΝ ΠΑΟΑΟ
. . ΑΝΑΟΘΑΙ ΤΗ ΚΑΡΔΙΑ ΥΜΩΝ ΜΗ ΔΕ . Υ
. . ΥΜΗ ΔΕ ΕΞΑΛΛΟΙΩΟΘΗΤΕ ΤΟΥΟ ΛΟΓΟΥΟ
. . ΘΕΙΑΟ ΜΗΔΕ ΚΑΤΑΨΕΥΔΕΟΘΑΙ ΤΩ
. . ΝΟΥ ΚΑΙ ΑΙΗΔΟΤΕ ΕΠ ΑΥΤΩ . . Τ .
. . ΕΑΥΓΕΗΡΕΙΟ ΔΙΚΑΙΩ . . .

INTRODUCTION
Les doctrines du livre d'Hénoch

Les doctrines des différentes parties du *Livre d'Hénoch* manquent d'unité. Sur plus d'un point, elles sont divergentes, quelquefois même contradictoires. Le lecteur qui chercherait dans ce livre l'expression claire et précise d'une doctrine homogène, aux éléments bien coordonnés, serait singulièrement déçu. *Le Livre d'Hénoch* est une œuvre éminemment composite à tous les points de vue, un recueil de livres plutôt qu'un livre. Il n'est donc pas l'écho d'un enseignement ; il reflète, au contraire, tour à tour les opinions et les croyances assez variées des sectes ou des écoles qui se partageaient le milieu juif orthodoxe au IIe et au Ier siècle avant notre ère.

C'est ce qui en fait une composition disparate, où des doctrines très élevées et des beautés de premier ordre côtoient un certain matérialisme et des traits du plus mauvais goût ; aussi c'est ce qui en fait aussi une mine précieuse de renseignements pour l'histoire de la pensée judéo-chrétienne[1].

Nous passerons en revue les enseignements qui s'en dégagent sur Dieu, le monde, les anges, les démons et les

---

[1] Jülicher est à peu près le seul à méconnaître l'importance du Livre d'Hénoch. Il a écrit qu'en dehors de ceux qui connaissent le grec, les autres prendront difficilement un vif intérêt au Livre d'Hénoch. Si Jülicher a lu le Livre d'Hénoch, et il en a lu au moins les trente-deux premiers chapitres, puisqu'il en corrige le texte grec, ces paroles font peu d'honneur à ses connaissances sémitiques et exégétiques. L'intérêt que présentent les fragments grecs de notre livre au point de vue philologique pour l'helléniste est tout à fait secondaire à côté de celui qu'offre le livre entier pour l'étude de l'évolution de la religion juive et de l'exégèse.

satans, l'homme et le péché, enfin sur l'eschatologie, la solution du conflit entre les justes et les pécheurs, le séjour des âmes des morts jusqu'au jugement, la résurrection, le Messie, le jugement, l'enfer, le royaume messianique.

1. Dieu

Ses titres sont très variés plusieurs sont caractéristiques de la section qui les emploie ; on ne les trouve pas dans les autres parties du livre. Ainsi, dans le *Livre des paraboles* seul, Dieu est appelé le « Seigneur des esprits », la « Tête des jours » ; dans le *Livre des songes*, le « Seigneur des brebis ». D'autres titres : le « Seigneur des puissants », le « Seigneur des riches », le « Seigneur de sagesse », le « Seigneur saint », le « Seigneur du jugement », le « Seigneur des Seigneurs », le « Seigneur de toute créature céleste », le « Seigneur de toute créature du monde », le « Roi de gloire », le « Roi du monde », le « Dieu des dieux », le « Dieu de gloire », ne se rencontrent qu'une fois, et ils ne peuvent pas suffire à caractériser la section dans laquelle on les relève. Enfin beaucoup « le Seigneur », le « Grand », le « Saint », le « Grand et le Saint », le « Saint et le Grand », la « Grande gloire », le « Seigneur de justice », le « Seigneur du ciel », le « Seigneur des rois », le « Seigneur du monde », le « Seigneur de gloire », le « Très-Haut », le « Roi des rois », le « Roi éternel », le « grand Roi », sont employés un peu partout, quelques-uns avec prédominance dans la première et la cinquième partie.

Sous tous ces noms, Dieu exerce une puissance infinie. Il a créé le monde, et toutes ses œuvres se déroulent avec une régularité immuable. Toutes lui sont présentes ; comme il connaissait le monde avant qu'il fût, ainsi il sait ce qu'il est maintenant et ce qu'il sera, car tout est à découvert devant lui et il connaît toutes choses avant qu'elles soient[2].

Il sait donc les bonnes et les mauvaises actions des hommes, et il les jugera un jour avec une rigueur implacable. Le *Livre d'Hénoch* parle quelquefois de la clémence de Dieu, ou plutôt de sa générosité pour les élus et les justes, mais assez rarement de sa miséricorde proprement dite, du pardon qu'il accorde aux pécheurs repentants.

Il célèbre plus volontiers sa justice et sa haine du péché. À l'encontre de l'esprit de la Bible, il va même jusqu'à lui prêter des sentiments de joie sur la ruine du pécheur.

Cette exagération est faite un peu du particularisme des Pharisiens, des justes opprimés et impatients de vengeance que sont ou que se croient ses auteurs, un peu aussi de l'excès du sentiment religieux, si profond chez tous les Sémites, sentiment que tout ce livre respire a un degré intense. Toutes ses parties tendent à donner une impression écrasante de la transcendance divine. Dieu demeure au ciel, au milieu de splendeurs effrayantes et dans un isolement terrible. Les anges ne peuvent même pas entrer dans sa demeure et contempler sa face ou soutenir son regard d'après XIV, 21, cependant, d'après LXXI, 8, ils vont et viennent dans sa maison.

2   *Le monde*

Dieu, en créant l'univers, a voulu montrer la grandeur de son œuvre à ses anges, aux esprits et aux hommes, afin

---

[2] Le Livre d'Hénoch revient souvent sur la sagesse considérée comme attribut divin ; mais il faut forcer le sens des textes pour dire, comme on l'a fait, qu'elle est personnifiée en tant que qualité divine. Dans XCI, 10 : « La sagesse se lèvera et leur sera donnée, » il ne s'agit pas de la sagesse divine, mais de la sagesse en général.

qu'ils contemplent l'œuvre de sa puissance, qu'ils louent l'œuvre grandiose de ses mains et qu'ils le bénissent pendant l'éternité. Le tableau de l'organisation de cet univers est tracé dans le *Livre du changement des luminaires du ciel* et dans plusieurs chapitres disséminés au milieu des autres sections. Les éléments en sont empruntés à la Bible et surtout aux traditions hétérogènes en vogue dans les milieux juifs au IIe et au Ier siècle avant Jésus-Christ. Les images bibliques y sont prises ordinairement dans un sens très littéral et très concret.

L'univers est enveloppé d'eaux des deux sexes. Les eaux du sexe masculin sont en haut, au-dessus du ciel ; celles du sexe féminin, en bas, sous la terre. À l'extrémité, du côté de l'Occident et probablement dans l'enfer, comme chez les Babyloniens, sont les eaux de vie ; au-delà, un fleuve de feu, sans doute le Phlégéton, et enfin la mer des enfers des Grecs. Ailleurs, cet enfer grec est remplacé par un gouffre rempli de colonnes de feu.

Le monde est divisé en quatre régions, dont chacune a une attribution distincte ; on y voit sept montagnes, sept fleuves et sept îles d'une grandeur prééminente.

Les quatre vents soutiennent le ciel et la terre, qui repose elle-même sur une pierre angulaire et qui est fondée sur l'eau, taudis que les extrémités du firmament s'appuient sur l'horizon.

L'univers est éclairé par le soleil et par la lune. Ces astres, ainsi que les étoiles parcourent le monde sur des chars que poussent les vents ; leur éclat et leur chaleur sont alimentés par une masse ignée qui court sans cesse de l'un à l'autre ; ils se lèvent et ils se couchent régulièrement par douze portes ouvertes à l'orient et à l'occident du ciel. Les vents sortent aussi par douze portes ouvertes aux confins de la terre. Les portes du soleil et des autres astres répondent aux douze signes du zodiaque, qui ne sont pas nommés.

En se levant et en se couchant par ces portes, le soleil, le grand luminaire, et surtout la lune, le petit luminaire, règlent la succession du jour et de la nuit, le cours des saisons et celui des années.

Le singulier système de la troisième partie attribue aux années lunaires tantôt 354 et tantôt 364 jours ; et pour les années solaires, tantôt il les compte de 364 jours et tantôt il oublie les jours intercalaires. Ce ne sont pas les seules contradictions qu'il présente ; son auteur, bon juif orthodoxe, est très attaché au calendrier hébreu ou lunaire, ce qui ne l'empêche pas de chercher à le combiner avec le calendrier solaire, et même, semble-t-il, d'admettre par endroits le cycle grec de huit ans, peut-être aussi le cycle de soixante-seize ans de Calippe.

Ce n'est pas une raison pour traiter son œuvre de « verbiage puéril ». Elle nous est parvenue, à travers deux traductions, incomplètes et bouleversées ; il serait injuste de rendre son auteur responsable de toutes ses incohérences. Il est probable pourtant qu'il n'a pas toujours bien compris les systèmes qu'il a voulu fondre ; mais son travail, le seul de ce genre que le monde juif nous ait légué, n'en reste pas moins pour l'historien sérieux un précieux témoin des premiers essais de construction scientifique.

Aux astres et aux phénomènes atmosphériques, notre livre assigne dans le monde des compartiments distincts. Dans un de ses voyages, Hénoch voit le séjour de la tempête, celui des ténèbres de l'hiver, les demeures des luminaires et du tonnerre, l'abîme où sont l'arc de feu, ses flèches et leur carquois, le glaive de feu et tous les éclairs. Il voit encore l'embouchure de tous les fleuves de la terre et l'embouchure de l'abîme. Il y a aussi des réservoirs pour tous les vents, pour la grêle, les nuages et la rosée, la pluie, la gelée, la neige, les brouillards.

La lumière des astres et tous ces éléments sont pesés, distribués et comptés avec régularité, selon des lois fixes, que le Livre d'Hénoch appelle leurs « secrets » ou « les secrets des cieux ».

Des anges ou des esprits, qui dans quelques passages paraissent distincts des anges, président à toutes ces manifestations et sont préposés à toute créature. Ce sont des anges qui guident les étoiles dans leurs révolutions en leurs places, selon leurs lois, à leurs époques et dans leurs mois, selon leur puissance et dans leurs stations ; qui séparent les quatre parties de l'année, qui les guident et qui entrent avec elles dans les quatre jours supplémentaires, si unis à « leur œuvre » ou à leur station, qu'ils n'en paraissent pas toujours distincts, tout comme dans l'animisme babylonien.

Ce sont encore des esprits distincts, quelquefois appelés leur ange, qui règlent la marche de l'éclair et du tonnerre, qui ramènent la mer avec un frein, qui veillent sur les vents et sur tous les souffles, sur les eaux, sur la gelée, la neige, les brouillards, la rosée et la pluie, et qui habitent dans leurs réservoirs, tout en ne cessant de louer le Seigneur et de lui rendre grâces. Il n'est pas jusqu'aux sources thermales dont un passage n'explique les alternatives de chaleur et de refroidissement par la présence ou l'absence des mauvais anges qui y sont châtiés. Ainsi, Dieu remplit la terre d'esprits.

Tous ces êtres obéissent fidèlement à leur créateur et répandent à son gré la bénédiction ou la malédiction. La régularité avec laquelle ils remplissent leur mission, leur crainte du Très-Haut, sont un enseignement muet, mais éloquent, à l'adresse de l'homme, un reproche constant à la conduite des pécheurs. Quelques traditions rapportent cependant que certaines étoiles n'ont pas apparu en leur temps et qu'elles ont transgressé dès leur lever les ordres du Seigneur, qui les a punies en les enchaînant pour dix mille ans. Il y a même un ange, Raguël, chargé de tirer vengeance du monde des luminaires. D'autres prévoient qu'aux jours de la domination et des crimes des pécheurs, beaucoup des chefs des étoiles erreront, le bel ordre de la nature sera détruit et le cours des saisons dérangé.

3.   *Les anges, les démons et les satans*

Le rôle des anges dans la marche du monde et le nom de « Seigneur des esprits » que donnent à Dieu *les Paraboles*, disent assez la place que tient l'angélologie dans le *Livre d'Hénoch*.

Les anges y sont appelés les « anges », les « anges saints », les « fils des cieux », les « fils des anges saints », les « saints », les « saints du ciel », les « veilleurs », les « veilleurs du ciel », les « saints veilleurs », les « esprits », les « spirituels du ciel », « ceux qui ne dorment pas ».

Ils existent depuis l'éternité, c'est-à-dire depuis le commencement du monde. Tous furent d'abord saints et spirituels, et des myriades le sont restées. Ce sont les anges fidèles qui forment l'armée du ciel, l'armée de Dieu, l'armée du Très-Haut. Créés pour vivre d'une vie spirituelle, éternelle, ils habitent le ciel sans entrer dans la maison même de Dieu et sans pouvoir regarder sa face, d'après la première section, plus familiers au contraire dans la description qui clôt le texte actuel des *Paraboles*.

Là, ils remplissent une double mission auprès de Dieu : d'un côté, ils le bénissent, le glorifient et l'exaltent ; de l'autre, ils lui servent d'intermédiaires auprès des mauvais anges, des hommes et du monde. Ils intercèdent donc pour les hommes, ils transmettent leurs plaintes au

Très-Haut, ils lui redisent la prière des justes, pour qu'elle ne soit pas vaine devant le Seigneur des esprits. Ils sont chargés d'inscrire dans des livres, qu'ils lisent ensuite au Seigneur, les malversations des pasteurs ou des anges auxquels il a confié Israël, comme aussi les récompenses promises aux justes et les châtiments réservés aux pêcheurs ; ils font également souvenir le Très-Haut du péché des pécheurs, et ils recherchent les actions des méchants pour témoigner contre eux.

À l'égard des mauvais anges, ils ont à exécuter les jugements que Dieu a prononcés contre eux. Nous verrons les anges du châtiment ou les satans exécuter à leur tour les jugements de Dieu contre les hommes.

Enfin, comme nous l'avons vu, ils dirigent, ils guident tous les êtres du monde, tous les corps et les éléments de la nature : soleil, lune, étoiles, phénomènes atmosphériques, etc.

Notre livre pousse plus loin que l'Ancien Testament l'ébauche de la hiérarchie des membres innombrables de cette milice céleste. À la tête des bons anges, sont des archanges dont le titre, le nombre, les noms et les fonctions varient avec les sections du livre. Dans la première partie, ch. XX, ils sont « les saints anges qui veillent », au nombre de sept : Uriel, Raphaël, Raguel, Michaël, Saraqiel, Gabriel, Remeiel. Saraqiel, préposé aux esprits des enfants des hommes qui pèchent contre les esprits, ou, d'après le grec, contre l'esprit, ne reparaît pas dans le reste du livre. Les ch. IX et X ne connaissent que quatre archanges : Michaël, Uriel, Raphaël et Gabriel. De même le *Livre des paraboles*, mais Phanuel y remplace Uriel et l'ordre est encore changé : Michaël, Gabriel, Raphaël et Phanuel. Ce livre les appelle des « visages » ou « les quatre anges du Seigneur des esprits », ou encore les « chefs des anges ». Ils se tiennent aux quatre côtés du Seigneur des esprits, et ils sont différents de ceux qui ne dorment pas ; leurs fonctions ne sont pas les mêmes que dans XX.

Les « sept saints » de LXXXI, 5, désignent aussi, assez probablement, les archanges. Enfin, dans le symbolisme du *Livre des songes*, qui représente les anges par des hommes, ils sont dits les « sept hommes blancs ».

Au-dessous des archanges, viennent les autres classes d'anges, entre lesquelles le *Livre des paraboles*, divise « l'armée du Seigneur » : les Chérubins, les Séraphins, les Ophanim, les anges de puissance et les anges des principautés. Les Chérubins, les Séraphins et les Ophanim sont encore énumérés dans LXXI, 7.

« Ce sont, y est-il dit, ceux qui ne dorment pas et qui gardent le trône de sa gloire » (de Dieu). Ils sont donc bien distincts des archanges qui diffèrent, eux, « de ceux qui ne dorment pas ».

D'une nature toute spirituelle et immortelle, les anges n'avaient pas à s'unir aux femmes sur la terre pour se perpétuer. Cependant deux cents des veilleurs, sous les ordres de Semyaza dans une tradition, ou d'Azazel dans une autre, se sont laissé séduire par la beauté des filles des hommes. Ils sont descendus sur le sommet de l'Hermon avec leur prince et leurs chefs de dizaines : Arakib, Aramiel, Kôkahiel, Tamiel, Ramiel, Daniel, Ezékiel, Baraqiel, Asaël, Armaros, Batariel, Ananiel, Zaqilé, Samsapeel, Satariel, Touriel, Yomeyal, Arazeval. Puis ils ont pris des femmes et en ont eu des géants, qui ont opprimé les hommes et se sont dévorés entre eux.

Ils ont commis aussi la faute de révéler les secrets éternels à ces femmes et par elles à l'humanité, et de leur découvrir tout péché et toute injustice.

C'est pourquoi les âmes des opprimés les ont accusés, et Dieu, malgré l'intervention d'Hénoch, les a condamnés à subir une double série de châtiments les uns immédiats, la perte de leurs enfants, et une étroite captivité loin du ciel ; les autres, à partir du dernier jugement, le supplice et les tourments de l'abîme de feu dans lequel ils seront définitivement jetés

La tradition qui a inspiré XIX, 1, suppose qu'en attendant l'éternelle damnation, ils ne sont pas renfermés en une étroite prison, comme dans X, 12, mais que leurs esprits peuvent prendre toutes sortes de formes pour aller tenter les hommes. Ailleurs, ils sont condamnés au supplice des eaux brûlantes, qui communiquent leur chaleur aux sources thermales dans lesquelles les rois et les grands de la terre aiment à se baigner.

Dans son récit allégorique de l'histoire du monde, le *Livre des songes* compare les anges déchus à des étoiles descendues des cieux pour se livrer à des relations coupables avec les génisses, c'est-à-dire les filles des hommes. Un des archanges fidèles les saisit, les lie et les jette l'abord dans un abîme de la terre ; puis, au jugement final, ces étoiles sont jetées dans un abîme de feu.

La même section (IVe) compte encore d'autres anges coupables. Ce sont les soixante-dix anges ou les soixante-dix pasteurs auxquels Dieu a confié le soin de veiller sur Israël, à partir de l'invasion assyrienne. Ils ont été infidèles à leur mission ; ils sont donc condamnés, au jugement dernier, à partager le supplice des autres mauvais anges, les étoiles tombées.

Les géants issus de l'union coupable des veilleurs et des filles des hommes ont été mis à mort, mais les esprits sortis de leur chair sont restés sur la terre. Ils y sont appelés « esprits mauvais », et ils ne cessent de s'élever contre les enfants des hommes et les femmes jusqu'au jour du grand jugement.

En attendant, beaucoup d'hommes les adorent sous l'image des idoles, à l'instigation perfide des anges déchus, qui les portent à sacrifier à ces démons comme à des dieux. On s'est demandé si le passage auquel est emprunté ce dernier trait ne supposait pas l'antériorité des démons sur les anges et ne représentait pas par conséquent une tradition différente sur la nature des démons. Le texte, tel qu'il nous est parvenu dans la version grecque et dans la version éthiopienne, ne semble pas favoriser ce sentiment. Par contre, LXIX, 12, et XCIX, 7, paraissent distinguer les esprits mauvais des démons, à moins qu'ils n'entendent par esprits mauvais les anges déchus.

D'autres traditions, conservées par le *Livre des paraboles* et un fragment d'une apocalypse de Noé, connaissent l'existence de satans. Ces esprits n'ont d'autre rôle, eux aussi, que de faire le mal : ils tentent les anges et les séduisent ; ils accusent les hommes devant Dieu, et il semble qu'ils sont chargés d'exécuter les jugements divins sur les pécheurs condamnés aux supplices éternels. Dans ce dernier rôle, ils portent le nom d'anges du châtiment. Les Paraboles nous montrent les anges du châtiment préparant les instruments de Satan, fouets et chaînes de fer, pour les rois et les puissants de cette terre.

Les satans sont distincts des anges déchus et des mauvais esprits sortis de la chair des géants, car ils ne sont pas voués aux tourments de l'enfer comme les premiers ; ils peuvent se présenter dans le ciel devant le Seigneur, alors que les veilleurs tombés ne peuvent pas y monter, pas même lever les yeux vers Dieu. Ils existaient même comme esprits pervers avant la chute de Semyaza et de ses compagnons, puisqu'un des crimes de ces veilleurs est de s'être faits les serviteurs de Satan, mais le Livre d'Hénoch ne nous apprend rien de plus sur leur origine.

Leur chef est Satan, le maître des instruments de torture destinés aux pécheurs et que notre livre appelle les instruments de Satan, celui-là même dont les veilleurs ont préféré le service à celui du Seigneur. Il représente donc un pouvoir hostile au pouvoir de Dieu ; il est néanmoins dépendant du Très-Haut, puisque ses subordonnés ne sont que les exécuteurs des sentences divines et qu'ils ne peuvent perdre les hommes qu'en les accusant devant le Créateur.

4.   *L'homme et le péché*

Dieu a fait le monde pour l'homme et l'homme pour lui, Dieu ; à la vue du monde, à la vue de la grandeur et de la beauté des œuvres divines, l'homme doit louer et bénir le Créateur pendant l'éternité. Les hommes sont esprit et chair ; Dieu leur a donné des femmes pour qu'ils en aient des enfants et que toute œuvre ne cesse pas sur la terre ; à cet égard, ils sont tout différents des anges. Comme eux cependant, ils avaient été créés pour vivre immortels, et, dans leur premier état, la mort ne devait pas les atteindre. C'est à la suite du péché qu'ils ont été condamnés à périr.

D'où vient le péché ? La plupart des textes influencés par la tradition de la chute des anges en attribuent l'origine à ces esprits célestes. Ce sont eux, d'après la première partie, qui l'ont introduit dans le monde, qui ont découvert à l'homme tout péché, qui lui ont enseigné toute injustice, en dévoilant des secrets funestes. Toute la terre été corrompue par la science de l'œuvre d'Azazel : il est responsable de tout péché.

Même doctrine dans un fragment d'une apocalypse de Noé inséré dans les *Paraboles*, ce sont les enseignements pernicieux des mauvais anges qui ont perdu les hommes ;

en particulier, l'invention et l'enseignement de l'écriture par l'ange Penemu'e en ont fait errer beaucoup.

Le *Livre des paraboles* semble faire remonter la source première du péché à Satan. C'est en se faisant les serviteurs de Satan que les anges ont péché et qu'ils ont entraîné au mal les habitants de la terre.

La dernière section ne fait intervenir ni Satan ni les anges ; elle ne voit d'autre cause au péché que la perversité humaine « le péché n'a pas été envoyé sur la terre, les hommes l'ont fait d'eux-mêmes ».

Aucune des parties du *Livre d'Hénoch* n'attribue la venue du péché en ce monde à nos premiers parents. Leur faute n'eut d'autre suite que leur propre châtiment ; en montrant à Hénoch l'arbre de la sagesse du Paradis terrestre, l'ange Raphaël ajoute simplement que, pour avoir mangé de son fruit, Adam et Ève connurent la science et furent chassés du Paradis. Un autre passage rapporte incidemment qu'Ève fut séduite par l'ange Gadreel, sans faire la moindre allusion aux suites de la chute de la mère du genre humain.

Depuis que le péché a paru sur la terre, les hommes sont divisés en justes et en pécheurs. Les pécheurs sont les impies, qui outragent le Seigneur par les paroles insolentes de leur bouche impure, et qui n'exécutent pas ses ordres et les prescriptions de la Loi ; les renégats, qui renient le nom du Seigneur des esprits ; les idolâtres, qui adorent des images de pierre, d'or et d'argent, et les démons que ces idoles représentent ; les écrivains corrupteurs qui écrivent des paroles de mensonge et altèrent la parole de vérités ; ce sont encore, surtout dans la cinquième section, les mauvais riches, les mauvais grands, les mauvais princes, qui s'insurgent contre Dieu et qui oppriment ses fidèles.

Les justes, au contraire, reçoivent la parole de sagesse et la comprennent, pratiquent les voies du Très-Haut, marchent dans le sentier de la justice et ne commettent pas l'impiété avec les impies. Ils haïssent et ils méprisent ce monde d'injustice, ses biens, son œuvre et ses voies.

Entre les uns et les autres règne un conflit continuel : l'histoire du monde est l'histoire même de ce conflit. Les méchants triomphent ici-bas ; ils persécutent les justes, les dévorent, les dépouillent et les égorgent. Ils se réjouissent de leur perte et vivent au sein de l'abondance tandis que leurs victimes sont dans l'affliction.

Mais ce triomphe n'est qu'apparent. Le Seigneur des esprits n'oublie pas ses fidèles, que symbolisent à ses yeux les étoiles du ciel ; par son Messie il les vengera. Il les a confiés à ses anges, en particulier à Michaël. Ces esprits célestes veillent sur eux et transmettent leurs plaintes au Très-Haut. Ils le prient au sujet du sang des justes qui a été versé et qui monte de la terre devant le Seigneur des esprits, pour que justice soit faite et que l'attente des bons ne soit pas éternelle. En même temps, Dieu fait inscrire exactement les actions des bons et des méchants et les rétributions qui les attendent sur les tablettes du ciel ou les livres des vivants. Que le juste prenne donc patience et ne s'attriste pas parce que son âme descend dans le *scheol*. Le jour viendra où son sang sera vengé devant le Seigneur des esprits ; une claire et éternelle lumière luira pour lui, et justice lui sera faite, tandis que le péché sera perdu pour toujours.

5. *Eschatologie*

En attendant ces sanctions définitives, les âmes d'hommes se rendent après la mort dans un séjour spécial. La première partie, qui décrit assez longuement ce séjour, la place à l'occident dans les cavités d'une grande et haute montagne. Elle le divise en quatre sections : 1° la section des justes martyrs ; 2° celle des autres justes ; 3° la section des pécheurs qui n'ont subi aucune punition sur la terre ; 4° celle des pécheurs qui ont été persécutés par d'autres pécheurs.

C'est ce séjour que d'autres passages appellent le « *scheol* », comme dans l'Ancien Testament. Toutes les âmes demeureront en ces lieux jusqu'au jour du grand jugement. Celles des martyrs ne cessent de crier vengeance au ciel du fond de leurs demeures. La cinquième partie nous montre, au contraire, toutes les âmes des justes dormant comme d'un long sommeil, pendant lequel elles sont gardées comme la prunelle de l'œil par des anges saints envoyés de Dieu.

Tout autres sont les doctrines du *Livre des paraboles*, sur le sort des âmes des justes, au moins dans deux passages, car les idées de l'auteur ne paraissent pas très arrêtées sur ce point. Dans le premier de ces passages, après la mort ces âmes ne se rendent pas dans le *scheol*, mais elles vont jouir de la félicité dans le « jardin de vie », probablement le Paradis terrestre. Une interpolation très composite, qui a pris place au milieu des *Paraboles*, nous parle aussi du « jardin où demeurent les élus et les justes » et où Dieu reçut Hénoch. Nous retrouvons ce séjour des élus dans une des additions qui font suite au *Livre des paraboles* : Hénoch est enlevé du milieu des vivants et placé par Dieu entre le nord et l'occident : « là, dit-il, je vis les premiers pères et les saints qui depuis l'éternité demeurent en ce lieu ». Le *Livre des songes* le fait transporter aussi par les anges sur un lieu élevé, où le prophète Élie vient le rejoindre.

Dans un second passage des *Paraboles*, Hénoch voit les lits de repos des justes à l'extrémité des cieux, au ciel même, semble-t-il, car ces lits de repos sont au milieu des anges et à côté du Messie ; avant la rétribution finale, car ces justes prient pour les enfants des hommes qui sont encore sur la terre. Il est impossible de faire accorder ce texte, soit avec les concepts du jardin de vie ou du *scheol*, soit avec celui du royaume messianique dans les *Paraboles*. Ou il est interpolé, ou, ce qui est plus probable, il représente une autre tradition juxtaposée aux précédentes par l'auteur, sans souci des contradictions possibles.

Les âmes sortiront du *scheol* au jour de la résurrection. Cette résurrection sera générale : non seulement les Israélites, non seulement les bons, mais tous les hommes indistinctement, Juifs et Gentils, justes et pécheurs, y auront part. Il est vrai qu'une conception plus étroite a prévalu dans la théologie du Talmud ; elle n'admet que la résurrection des Israélites justes. Mais ce n'est pas une raison pour restreindre, avec Charles[3], la portée des textes du *Livre d'Hénoch*.

Dans la première partie, ce livre enseigne formellement qu'il n'y aura qu'une catégorie d'hommes qui ne ressusciteront pas : ceux de la quatrième section du séjour des âmes. Les pécheurs qui ont souffert ici-bas resteront en effet dans cette première demeure de l'au-delà pour y

---

[3] Charles, dans son excellent ouvrage The Book of Henoch, Oxford, 1893, reconnaît que ce passage entendu dans son sens obvie s'applique aux Gentils comme aux Israélites ; il refuse cependant d'y voir l'affirmation de la résurrection générale, uniquement parce que l'histoire de la pensée juive «points in an opposite direction». Il prétend que la résurrection de tout le genre humain a été enseignée pour la première fois dans le judaïsme par IV Esdras, VII, 32, probablement sous une influence chrétienne. Charles oublie que nous n'avons pas à expliquer le Livre d'Hénoch, surtout quand il est clair, par le Talmud ou selon le Talmud.

subir une peine plus douce que les pécheurs qui furent heureux sur la terre.

Dans le *Livre des paraboles*, au moment où le Messie va juger le monde, la terre, le *scheol*, les enfers, le désert et la mer rendent tout ce qu'ils ont reçu, tous les hommes qu'ils ont engloutis, et l'Élu (le Messie) choisit parmi eux les justes et les saints.

Ce qui est plus concluant encore pour les païens, dans l'histoire allégorique du monde de la quatrième partie, après la résurrection, non seulement les brebis qui avaient péri et avaient été dispersées, c'est-à-dire les Israélites fidèles, mais aussi les Gentils, figurés par les bêtes sauvages et les oiseaux du ciel, qui n'avaient pas opprimé Israël, se réunissent dans la nouvelle Jérusalem pour jouir de la félicité messianique.

Cette résurrection n'est pas un simple changement de demeure, le passage de l'âme du *scheol* au séjour définitif de la félicité ou des tourments. C'est une résurrection du corps, au moins pour les justes. Ce sont les corps seulement que la terre, la mer, le désert, ont reçus en dépôt et qu'ils rendront selon le *Livre des paraboles* ; et si les justes n'étaient pas revêtus de leur dépouille mortelle, ils ne pourraient goûter les douceurs toutes matérielles du royaume messianique de la première partie, vivre de longues années et engendrer mille enfants. La quatrième partie ne parle que de la réunion des brebis fidèles « qui avaient péri » et des Gentils dans la nouvelle Jérusalem[4] ; la cinquième promet aux justes un bonheur d'une nature toute spirituelle. On ne peut donc pas en tirer de conclusion pour ou contre la résurrection des corps.

---

[4] Le ch. XXII est donc un des textes les plus anciens où la résurrection de tous les hommes, ces pécheurs exceptés, soit affirmée.

Pour les pêcheurs, le passage d'après lequel la terre rendra son dépôt s'applique évidemment à eux comme aux justes ; mais quelques textes de la cinquième partie semblent enseigner que leurs âmes seules ressusciteront : c'est l'esprit du pêcheur qui est jeté dans la fournaise, son esprit qui brûle dans le feu, son âme qui entre dans les ténèbres et dans une flamme ardente. Il n'y est pas question de tourments infligés à leur corps. Faut-il prendre ces expressions à la lettre ? Il n'est guère admissible que leur auteur ait conçu le feu de l'enfer comme un feu immatériel, capable d'agir sur de purs esprits.

La résurrection n'est que le premier acte du grand drame final. Les hommes ressuscitent pour être jugés par Dieu ou par le Messie, et pour recevoir la récompense ou le châtiment dû à leurs œuvres.

Le Messie n'apparaît que dans le *Livre des paraboles* et à la fin de l'histoire allégorique du monde (quatrième partie). Il ne figure pas dans les autres sections. À la fin du *Livre de l'exhortation et de la malédiction* (cinquième partie) nous lisons bien : « Moi et mon fils nous leur serons éternellement unis dans les voies de la vérité pendant leur vie », paroles qui ne peuvent s'appliquer qu'à Dieu et au Messie, qui porterait ici pour la première fois le titre de Fils de Dieu. Mais ces mots détonnent tellement sur le reste de ce livre, où le Messie n'est pas nommé une seule fois sous un titre quelconque, qu'elles ne sont fort probablement pas authentiques.

Le Messie qui vient clore l'histoire du monde apparaît après l'établissement de la nouvelle Jérusalem et du royaume messianique. Conformément au symbolisme de l'auteur, c'est un homme, puisqu'il est représenté par un taureau. Il joue un rôle secondaire et, en tout cas, mal défini : on voit seulement les hôtes sauvages et les oiseaux du ciel le craindre et le supplier.

Celui du *Livre des paraboles*, qu'on pourrait tout aussi bien appeler le *Livre du Messie*, joue un rôle beaucoup plus actif et d'une tout autre importance. Surtout il apparaît d'une nature singulièrement plus spirituelle et plus transcendante. C'est le type le plus idéal conçu par le messianisme juif avant le christianisme.

Il porte les noms de « Messie », ou « Christ », « Oint » ; de « Juste par excellence » ; d'« Élu », d'« Élu de justice et de fidélité » ; enfin et surtout de « Fils de l'homme ».

Ce dernier titre est emprunté à Daniel : « Sur les nuées vint comme un fils d'homme. » Mais dans le prophète, il n'a pas la valeur d'un titre spécial, apanage exclusif d'un individu déterminé ; pris dans son sens littéral et sous sa forme indéfinie, il n'est qu'un synonyme d'« homme » en général. Encore n'est-il employé que dans la forme d'une comparaison : sur les nuées vint un personnage semblable à un homme.

Ici, le Messie n'est pas comparé à un fils d'homme, il est le Fils de l'homme, un être bien déterminé, doué d'une existence personnelle et indépendante ; personne ne partage ce titre avec lui. Il le porte dans les conditions où Jésus le portera plus tard dans les synoptiques. La nature de son rôle et de ses fonctions écarte toute exégèse qui voudrait voir en lui un personnage collectif. Israël par exemple, comme on a essayé de le faire pour le Serviteur d'Iahweh dans Isaïe.

Dans quelques manuscrits, on lit en deux passages, comme variante de « Fils de l'homme », l'expression

« Fils de la femme ». Comme deux de ces manuscrits, G et M, sont des plus anciens et des meilleurs, il est difficile d'affirmer avec certitude qu'ils ont été interpolés en cet endroit par une main chrétienne. Il est possible cependant que cette variante soit le fait voulu ou non d'un copiste éthiopien ; il pouvait l'obtenir sans altérer notablement le texte. En tout cas, le sens littéral de l'expression « Fils de la femme » ne paraît pas sensiblement différent de celui de « Fils de l'homme ».

Le Seigneur des esprits a choisi le Messie selon son bon plaisir, mais il l'a tenu caché devant lui, et il ne l'a révélé qu'aux saints et aux justes, sans doute par les livres de l'Ancien Testament. Les rois, les grands et les puissants ne le connaîtront qu'au jour du jugement : « Ouvrez les yeux, leur dira le Seigneur, et élevez vos cornes pour voir si vous pouvez reconnaître l'Élu. »

Il l'a choisi, il l'a élu avant la création et pour l'éternité. Son nom a été nommé devant le Seigneur des esprits, devant la Tête des jours, avant que le soleil et les signes fussent créés, avant que les étoiles du ciel fussent faites. Le Messie préexiste donc à la création du monde, et, en attendant l'heure de sa manifestation, il demeure au ciel auprès de la Tête des jours, sous les ailes du Seigneur des esprits ou debout devant lui.

Ce Messie n'est pas un homme, du moins un homme ordinaire ; il n'est pas un ange, car les *Paraboles* le distinguent toujours des esprits célestes. C'est un être surnaturel sans analogue au monde. L'auteur des *Paraboles* est-il allé plus loin, a-t-il vu une relation de paternité ou de nature entre Dieu et le Messie ? Absolument rien ne permet de l'affirmer. Lors même que l'expression « mon Fils » ne serait pas une interpolation chrétienne, elle resterait beaucoup trop isolée et trop imprécise pour servir de base à la théorie de la filiation divine du Messie dans le *Livre d'Hénoch*.

Le Messie a reçu de Dieu tous les dons : en lui, habite l'esprit de sagesse, l'esprit qui éclaire, l'esprit de science et de force, l'esprit de ceux qui se sont endormis dans la justice. Le Seigneur des esprits l'a gratifié d'une sagesse qui coule comme l'eau devant lui ; il l'a glorifié, et sa gloire demeure pour les siècles des siècles et sa puissance pour les générations des générations.

C'est par son nom que les justes seront sauvés ; il sera le bâton sur lequel ils s'appuieront pour ne pas tomber, la lumière des peuples, l'espérance de ceux qui souffrent dans leur cœur, et au jour suprême le vengeur de leur vie.

Il sera investi d'un pouvoir sans bornes. Quand il paraîtra sur la terre, il renversera toutes les puissances de ce monde, symbolisées par des montagnes de fer, de cuivre, d'argent, d'or, d'étain et de plomb. Elles fondront devant lui comme de la cire et s'amolliront à ses pieds. Contre lui, la richesse et la puissance ne serviront de rien ; il les anéantira. À sa vue, tous ceux qui habitent sur l'aride se prosterneront pour adorer en lui leur juge suprême.

La somme du jugement a été donnée, en effet, au Fils de l'homme. Assis sur le trône de sa gloire, le trône même de Dieu, il jugera les anges, « ceux qui ont séduit le monde, » aussi bien que les hommes, les saints comme les pêcheurs. Tous les esprits célestes et tous les ressuscités du *scheol* et des enfers comparaîtront devant lui.

Il pèsera leurs œuvres dans la balance « et il choisira parmi eux les justes et les saints ».

Juge parfaitement éclairé et équitable, car la justice habite en lui, il verra tous les pécheurs, et il révélera tous les trésors des secrets, c'est-à-dire les mérites des bons et les récompenses qui leur sont réservées, les crimes des méchants et les châtiments qui les attendent. Il jugera les choses et les voies les plus secrètes. Devant lui, l'injustice s'évanouira comme l'ombre et n'aura pas le refuge.

Juge inexorable, rien ne pourra le fléchir. Nul ne pourra songer à l'attendrir ou à prononcer devant lui des paroles vaines. Les rois, les puissants et ceux qui possèdent la terre le verront et le reconnaîtront alors, quand il siégera sur le trône de sa gloire ; ils seront terrifiés et la douleur les saisira. Ils tomberont devant lui sur leur face, pour adorer ce Fils de l'homme, le supplier et lui demander miséricorde, mais il sera trop tard, ils seront chassés de devant sa face.

Juge tout-puissant enfin, il suffira d'une parole de sa bouche pour exécuter ses sentences, pour mettre à mort tous les pécheurs et détruire tous les méchants.

Les anges et les hommes ont subi un premier jugement dans le cours des siècles. Pour punir la faute de Semyaza ou d'Azazel et de leurs compagnons et les crimes que les hommes ont commis à leur suite, Dieu a envoyé le déluge sur la terre et a fait jeter les mauvais anges dans les ténèbres. Ce jugement n'était qu'un jugement préliminaire, une première consommation, sans suite durable pour les hommes. Le jugement définitif aura lieu à la fin du monde, quand le grand temps prendra fin.

Il sera précédé de la période de l'épée dont la description se confond quelquefois dans la perspective avec celle du jugement proprement dit. En ces jours, les peuples s'agiteront ; les hommes qui seront réduits à la misère déchireront leurs enfants et les rejetteront loin d'eux. Les pères seront frappés avec leurs fils, et les frères tomberont avec leurs proches, jusqu'à ce que coule comme un fleuve de leur sang ; les hommes égorgeront leurs enfants, et les pécheurs leurs frères, depuis l'aurore jusqu'au coucher du soleil. Les chevaux et les chars se baigneront dans le sang. Une épée sera remise aux justes pour qu'il soit fait justice de leurs oppresseurs, et Dieu livrera les pécheurs aux élus. Les justes rendront alors un jugement contre leurs ennemis, comme ceux-ci en ont rendu sur la terre contre eux. Ils couperont la tête aux méchants et les mettront à mort sans pitié. Le sang ne cessera pas de couler.

Aussitôt, au moins d'après la quatrième partie, commencera le jugement éternel, quand le nombre de la justice sera accompli. Dans *l'Apocalypse des semaines*, l'inauguration du royaume messianique sépare la période de l'épée et le jugement final.

Les anges descendront des cieux et ils rassembleront en un seul point tous ceux qui ont fait venir le péché sur la terre ; puis le Messie, dans le *Livre des paraboles*, ou Dieu lui-même, dans les autres sections, se lèvera pour rendre le grand jugement. Le siège de ces assises suprêmes est ici le Sinaï, là un lieu caché, ailleurs la Palestine, « la terre agréable », peut-être même la vallée de Josaphat.

Le juge suprême y sera entouré de myriades d'anges, de toute l'armée qui habite au haut des cieux. Il jugera les anges d'abord, Semyaza ou Azazel et ses compagnons, ainsi que les soixante-dix anges-pasteurs auxquels Israël a été confié, puis les pécheurs. *L'Apocalypse des semaines* donne cependant l'ordre inverse : jugement des pécheurs dans la neuvième semaine, des anges dans la dixième.

Des anges apporteront devant lui les tablettes ou les livres du ciel. Ils les ouvriront et ils liront toutes les paroles d'injustice prononcées autrefois par les pécheurs, leurs péchés et leurs violences que Dieu a fait écrire tous les jours, en attendant le jugement, à mesure qu'ils les commettaient, et en général toutes les œuvres des hommes. Le Seigneur ou le Messie pèsera ces actions et prononcera sa sentence d'après le contenu des tablettes. Heureux ceux contre lesquels n'aura pas été écrit et ne sera pas trouvé ce jour-là un livre d'injustice.

Le jugement rendu sera le jugement éternel, le grand jugement par excellence, le jugement de justice. Le jour où il sera rendu s'appelle le jour de l'affliction, le jour de la consommation, le jour de l'affliction et de l'infortune, le jour de l'angoisse et de l'affliction, le grand jour, le grand jour du jugement, le jour de l'affliction des pécheurs, le jour de la tribulation et de la souffrance, le jour de la ruine, le jour de l'affliction et de la grande misère, le jour de l'effusion du sang, le jour de ténèbres, le jour de l'iniquité.

Il sera terrible pour tous les pécheurs ; personne ne pourra échapper, résister au juge, le corrompre par des présents, l'attendrir par des supplications ; personne ne tendra la main aux coupables ; personne ne demandera miséricorde pour eux au Seigneur des esprits. Les rois et les puissants surtout, ceux qui jugent les fidèles ou « les étoiles du ciel » et persécutent leurs assemblées, ceux qui lèvent leurs mains contre le Très-Haut, qui foulent aux pieds la terre, dont toutes les œuvres manifestent l'injustice, dont toute la confiance est dans les idoles et dans les richesses, ceux-là seront condamnés sans pitié et livrés à la malédiction. Il n'y aura de miséricorde que pour les pécheurs qui auront fait pénitence et qui auront renoncé à l'œuvre de leurs mains : celui qui ne fera pas pénitence périra.

Les justes assisteront à la condamnation de leurs ennemis ; elle sera prononcée en présence de leur assemblée ; ils verront chasser les impies ; ils verront la colère du Seigneur des esprits s'appesantir sur leurs oppresseurs, et ce spectacle les remplira de joie.

Les pécheurs condamnés descendront dans un enfer où les attendent le malheur et l'affliction. Cet enfer est quelquefois appelé *scheol*. D'autres fois, ce nom est réservé au séjour où se rendent indistinctement les âmes des bons et des méchants en attendant le jugement dernier.

Il est souterrain ; c'est un gouffre profond, un abîme de feu, un lieu dont la fissure va jusqu'à l'abîme, un endroit profond, plein d'un feu ardent et rempli par une colonne de feu. Son ouverture est dans la vallée de Humera, la Géhenne, au sud-ouest de la vallée de Josaphat, où la sentence sera prononcée, où le feu ne cesse de flamber.

Les anges du châtiment, dont le chef paraît être Satan, exécuteront la sentence de condamnation. Ils jetteront les damnés, « leurs élus et leurs bien-aimés, dans la profonde crevasse de la vallée ». Les pécheurs y seront tourmentés et enchaînés avec les mauvais anges.

Le premier de leurs tourments sera le feu. L'enfer est avant tout un brasier, un abîme de feu, rempli de grandes colonnes de feu qu'on y fait descendre, une fournaise de feu, une fournaise ardente, une fournaise de flamme, etc. Ce feu brûle jusqu'aux os des damnés.

Une tradition, consignée dans un fragment noachique, fait allumer ce feu au-dessous de la terre, bien avant le jugement dernier. De cette masse ignée, de métal fondu et embrasé, sortent des fleuves de feu qui donnent naissance aux eaux thermales, où sont plongés les mauvais anges, en attendant que les rois et les puissants viennent les y rejoindre à la fin des temps.

Les damnés souffriront encore de l'obscurité et des vers : les ténèbres seront leur demeure et les vers seront leur couche ; le péché sera perdu dans les ténèbres pour toujours. Les anges du châtiment les tortureront aussi avec des fouets, des chaînes de fer et d'airain qu'on ne pourrait peser, tous les instruments de Satan qu'ils ont préparés dans la Géhenne.

Ces tourments seront incessants et éternels : les années des pécheurs se multiplieront dans une éternelle malédiction. Toutes les sections du livre sont unanimes sur ce point. D'après la première partie elle-même, qui n'accorde aux justes qu'un bonheur d'une durée limitée, les damnés seront enfermés pour toujours avec les mauvais anges dans la prison, jusqu'à la consommation des générations des générations, chassés de la face du Seigneur des esprits pour les siècles des siècles ; les ténèbres seront à jamais leurs séjours ; leur supplice sera terrible et éternel ; leur châtiment durera dans toutes les générations du monde, malgré leurs cris et leurs supplications.

Ils auront beau implorer leurs bourreaux, les anges du châtiment auxquels ils seront livrés, les supplier de leur donner un peu de repos pour qu'ils puissent tomber devant le Seigneur des esprits et confesser leurs péchés devant lui. Pas un instant de répit ne leur sera accordé ; le glaive du Fils de l'homme demeurera devant eux ; il n'y aura ni miséricorde ni paix pour les damnés.

Pendant que le nom des pécheurs sera définitivement effacé du livre de vie et des livres saints, les élus iront jouir des récompenses gravées dans l'écrit des saints, des biens, de la joie et de l'honneur, préparés et écrits pour les âmes de ceux qui sont morts dans la justice.

Ces félicités constituent le royaume messianique, qui est mentionné une fois sous ce nom même de royaume dans le Livre des paraboles. Hénoch voit dans les secrets des cieux « comment le royaume sera partagé. Toutes les sections du *Livre d'Hénoch* qui traitent le problème de la destinée des justes et des pécheurs admettent l'existence d'un royaume messianique, c'est-à-dire d'un état de bonheur réservé aux justes à la fin des temps. Mais elles tracent de ce royaume des tableaux très différents.

Les jouissances matérielles dominent dans celui de la première partie ; le côté messianique (Messie au centre), dans celui des *Paraboles* ; l'élément national, dans le royaume du *Livre des songes* ; enfin le côté spirituel, dans les félicités messianiques du *Livre de l'exhortation et de la malédiction*.

Le royaume messianique de la première partie est un royaume sans Messie, fini dans sa durée, et dont les félicités se dérouleront ici-bas, en Palestine. La terre même sera donnée en héritage aux justes. Elle sera cultivée dans la justice, plantée de toutes sortes d'arbres d'agrément et remplie de bénédiction : la vigne et les autres plantes y donneront à satiété. Par l'ordre de Dieu, les anges en feront disparaître toute oppression, la purifieront de tout péché, de toute impureté et de toute corruption. Le Seigneur lui-même descendra sur une haute montagne pour visiter cette terre bénie. Il ouvrira tous les trésors qui sont dans le ciel pour les répandre sur la terre, sur les œuvres et le travail des enfants des hommes, et la paix et la vérité seront unies tous les jours du monde.

En même temps, il donnera aux justes un arbre de vie, exhalant une odeur au-dessus de tout parfum, et dont les feuilles, les fleurs et le bois ne se dessécheront jamais. Cet arbre merveilleux sera planté du côté du nord, dans un lieu saint, près de la demeure du roi éternel, c'est-à-dire à Jérusalem. Son fruit, semblable à celui du palmier, communiquera la vie aux élus ; sa bonne odeur pénétrera leurs os, et ils vivront d'une longue vie sur la terre, loin des souffrances, des tourments et du péché, dans la lumière, la joie, la paix et la sagesse. Les Gentils eux-mêmes se convertiront et s'uniront aux Israélites pour vénérer, bénir et adorer le vrai Dieu.

Les années des justes se multiplieront ainsi dans une allégresse et une joie éternelles. Ils mourront cependant, mais pas avant d'avoir engendré mille enfants, et ils mourront, comme ils auront vécu, dans la paix : leur mort ne sera pas un châtiment de la colère divine. L'auteur de cette section, qui condamne les pécheurs à des tourments éternels, ne nous dit rien de la destinée des justes après cette deuxième mort.

Dans cette conception, malgré certaines analogies, le royaume messianique est distinct du Paradis terrestre. Le Paradis n'est pas situé à Jérusalem, mais au loin vers l'Orient, au-delà du golfe Persique et de l'océan Indien. L'ange Gabriel veille sur lui, tandis que Remeiel est préposé aux âmes des ressuscités. Ce n'est qu'après avoir contemplé les splendeurs du royaume promis aux justes qu'Hénoch s'y rend. L'arbre merveilleux qu'il y voit, et dont nos premiers pères mangèrent le fruit, est tout différent de celui du royaume : il ressemble au caroubier, et son fruit, semblable à une grappe de vigne, donne la sagesse à ceux qui en mangent.

Le royaume des *Paraboles* est un véritable royaume messianique où le Messie habite au milieu des justes, et dont la durée est éternelle.

Son siège est la terre transformée et devenue bénédiction, dans un ciel transformé lui aussi et devenu lumière et bénédiction pour l'éternité. Il est même possible que la maison de l'assemblée du Messie, qui apparaîtra avec le royaume, désigne les synagogues relevées et le nouveau Temple de la nouvelle Jérusalem. Les justes habiteront cette nouvelle terre, et les élus marcheront et se promèneront sur elle en présence du Seigneur des esprits. Auprès de lui, ils seront rassasiés de paix, ils chercheront la lumière et ils trouveront la justice, qui brillera comme le soleil sur l'aride, d'où les ténèbres auront disparu.

La lumière des jours demeurera sur eux, et la gloire et l'honneur viendront vers les saints ; ils cesseront de baisser la face et ils revêtiront des vêtements de gloire. À côté de ces joies d'ordre spirituel, l'auteur des *Paraboles* promet aux justes qu'ils mangeront, se lèveront et se coucheront avec le Fils de l'homme. Il ne faut voir là, peut-être, qu'une image un peu réaliste du bonheur dont ils ne cesseront de jouir auprès du Messie, car, dans un autre passage, il leur annonce qu'ils deviendront des anges dans le ciel.

Les Juifs de la dispersion rentreront de tous les côtés du monde, de l'Orient et de l'Occident, sur des chars portés par les vents, pour prendre part à ces félicités, se prosterner devant le Seigneur des esprits et l'adorer avec les autres élus. Les pécheurs repentants, Juifs ou Gentils, seront sauvés eux aussi, à la condition absolue de faire pénitence tant qu'il en est temps ; celui qui ne fera pas pénitence devant le Seigneur des esprits périra. Mais ils ne jouiront pas des honneurs réservés aux justes innocents.

Les pécheurs endurcis et tous les méchants seront chassés ; les justes ne verront plus leur face odieuse.

Tout mal disparaîtra devant la face du Fils de l'homme, et il n'y aura plus rien de corruptible ici-bas. Les élus vivront dans la lumière d'une vie éternelle ; leurs jours seront sans fin, les jours des saints seront sans nombre. Les vêtements de vie qu'ils tiendront de Dieu ne vieilliront pas, et leur gloire ne passera pas devant le Seigneur des esprits.

Dans la quatrième partie, le royaume messianique est plus sobrement décrit ; il sera établi dans la nouvelle Jérusalem à la fin de l'histoire du monde, et il consistera dans la glorification d'Israël et sa domination sur les Gentils. Après avoir condamné les mauvais pasteurs, ou les anges auxquels ils ont confié Israël, et les brebis aveuglées qui symbolisent les Israélites pécheurs, Dieu fera jeter la vieille maison, l'ancienne Jérusalem, dans la Géhenne, et il en apportera une nouvelle, plus grande, plus élevée, aux colonnes et aux ornements neufs, qu'il dressera à la place de la première. Toutes les brebis fidèles de la Palestine et toutes celles qui auront péri ou qui auront été dispersées habiteront dans cette maison. Les bêtes sauvages de la terre et les oiseaux du ciel, c'est-à-dire les Gentils qui n'avaient pas persécuté Israël, ouvriront les yeux, et parmi eux il n'y en aura pas un seul qui ne voie et ne reconnaisse le vrai Dieu. Ils se réuniront eux aussi dans la nouvelle Jérusalem, qui ne pourra suffire à les contenir ; là ils adoreront les brebis, les Israélites, et leur obéiront au moindre mot ; et le Seigneur des brebis se réjouira d'une grande joie en les voyant tous bons, Juifs et Gentils, et tous revenus dans sa maison.

Le Messie n'apparaîtra qu'après l'établissement de ce royaume. Il viendra sous la forme d'un homme symbolisé par un taureau blanc. Les Gentils, bêtes sauvages et oiseaux du ciel, le craindront et ne cesseront pas de l'invoquer — l'auteur ne nomme pas les brebis ou les Israélites dans ce passage —, et ils se transformeront tous à leur tour en taureaux blancs, c'est-à-dire en fidèles adorateurs du vrai Dieu. Le Messie lui-même verra croître sa puissance et deviendra un buffle aux grandes cornes noires.

Ce royaume paraît éternel ; du moins, sa description ne contient aucune allusion à la limitation de sa durée.

Celui que prophétise *l'Apocalypse des semaines* tient en partie du royaume des *Paraboles*, en partie du royaume du *Livre des songes*. L'élément national et l'élément eschatologique y sont combinés. Vers la fin de la huitième semaine, une nouvelle Jérusalem sera élevée au grand Roi, dans une splendeur éternelle. Tous les Gentils se convertiront et reconnaîtront les voies du bien. Ce royaume sera inauguré avant que le jugement n'ait lieu. Après le prononcé de la sentence de condamnation sur les impies et sur les mauvais anges, le premier ciel disparaîtra pour faire place à un ciel nouveau, et les semaines s'écouleront innombrables, éternelles, dans la bonté et dans la justice, loin du péché, qui ne sera plus nommé jusqu'à l'éternité.

Le royaume de la cinquième section est d'ordre tout spirituel, sa durée est éternelle et sa scène est le ciel.

Après avoir surgi de leurs sommeils, pendant lequel les anges saints les gardaient comme la prunelle de l'œil, les justes, dont les noms sont écrits en présence de la gloire du Grand, iront jouir enfin du bonheur qui leur a été promis ; du ciel se fera entendre la voix du repos.

Ils verront la sagesse se lever pour leur être donnée ; le Grand et le Saint leur accordera aussi la justice et la puissance, et ils s'avanceront dans les voies d'une vertu et d'une clémence éternelles. Une claire lumière luira pour eux, et ils goûteront des jours nombreux et bons, dans le ciel même dont la porte s'ouvrira devant eux, aussi heureux que les anges de l'armée céleste dont ils partageront le sort. Ils y brilleront comme les luminaires des cieux, d'un éclat éternel ; leurs âmes ne périront pas et leur mémoire ne passera pas devant la face du Grand, dans toutes les générations du monde.

Cette doctrine si élevée reste inférieure sur un point à celle des autres parties du *Livre d'Hénoch*, qui admettent toutes la conversion des païens à la fin des temps. Elle semble vouer tous les Gentils sans distinction à la réprobation éternelle et au supplice du feu.

L'appendice final, qui ne fait pas partie de la cinquième section, ne connaît pas ces restrictions d'un nationalisme étroit. Dieu y promet les splendeurs célestes à tous les justes, Juifs ou Gentils ; il appellera les bons d'entre les générations de lumière, mais il transfigurera aussi ceux qui sont nés dans les ténèbres. Tous ceux qui auront aimé son nom saint, il les produira dans une lumière éclatante, et il fera asseoir chacun d'eux sur le trône de sa gloire, pour briller éternellement là où sont écrits les jours et les temps.

Chapitre I – Prédiction du jugement dernier

1. Parole de bénédiction d'Hénoch[5], comment il bénit les élus et les justes qui vivront au jour de l'affliction, pour repousser, tous les méchants et les impies < tandis que les justes seront sauvés[6] >.

2. Hénoch prit donc la parole[7] et < prononçant sa parabole >, il dit, lui, l'homme juste dont les yeux ont été ouverts par le Seigneur, et qui a vu la vision du Saint qui est dans les cieux, que m'ont montrée les anges : J'ai tout appris d'eux, et j'ai compris, moi, ce que je voyais ; et ce n'est point pour cette génération, mais pour celle qui vient, lointaine.

3. C'est au sujet des élus que je parle, à leur sujet que je prononce une parabole : Il sortira de sa demeure, le Saint et le Grand.

4. Le Dieu du monde marchera de là sur la montagne du Sinaï, et il apparaîtra au milieu de son armée ; et, dans la force de sa puissance, il apparaîtra du haut des cieux.

5. Et tous seront dans l'épouvante, et les veilleurs[8] trembleront ; la crainte et un grand tremblement les saisiront jusqu'aux extrémités de la terre.

6. Les hautes montagnes seront ébranlées, et les collines élevées seront abaissées, et elles fondront comme la cire devant la flamme.

7. Et la terre se déchirera, et tout ce qui est sur la terre périra, et alors aura lieu un jugement sur toutes choses [et sur tous les justes].

---

[5] Début semblable à celui de la bénédiction de Moïse, Deut., XXXIII, I.

[6] Les textes entre < > sont restitués d'après le texte grec.

[7] Au milieu du verset, changement de personne, assez fréquent dans les langues sémitiques et particulièrement dans ce livre.

[8] Cette expression désigne les anges.

8. Aux justes, il (le Seigneur) donnera la paix[9], et il gardera les élus ; sur eux reposera la clémence : ils seront tous de Dieu, et ils seront heureux, et ils seront bénis, et c'est pour eux que brillera la lumière de Dieu.

9. Et voici, il vient, avec des myriades de saints pour exercer sur eux le jugement, et il anéantira les impies, et il châtiera tout ce qui est chair, pour tout ce qu'ont fait et commis contre lui les pécheurs et les impies.

Chapitre II – L'ordre dans la création

1. Considérez toutes les œuvres, dans le ciel comment les luminaires des cieux ne s'écartent pas de leur route comment tous se lèvent et se couchent, ordonnés chacun selon son temps, et ne transgressent pas leur ordre.

2. Regardez la terre et examinez l'œuvre qui s'accomplit sur elle, depuis le commencement jusqu'à la fin, comment aucune œuvre de Dieu ne change dans sa manifestation.

3. Voyez l'été et l'hiver, comme la terre entière est pleine d'eau, et les nuages et la rosée et la pluie reposent sur elle.

Chapitre III – Les diverses sortes d'arbres

Considérez et voyez tous les arbres, comment ils apparaissent, comment se dessèche et tombe tout leur fruit, sauf pour quatorze qui ne se dépouillent pas, mais attendent avec leur vieux feuillage jusqu'à ce que vienne le nouveau, après deux et trois hivers.

---

[9] Litt. « Pour les justes, il fera la paix. »

Chapitre IV – La chaleur

Et considérez encore les jours d'été, comment dans sa première partie (de l'été) le soleil est au-dessus (de la terre) ; et vous alors vous cherchez l'ombrage et l'ombre à cause de l'ardeur du soleil, mais la terre, elle aussi, est brûlante par suite de l'intensité de la chaleur, en sorte que vous ne pouvez marcher ni sur la terre, ni sur le roc, à cause de la chaleur.

Chapitre V – Désordre et châtiment
des pécheurs

1. Considérez comment les arbres se couvrent de la verdure des feuilles et portent du fruit, comprenez bien tout et sachez comment celui qui vit éternellement fait toutes ces choses pour vous ; et comment son œuvre est devant lui pour chaque année à venir ; et toutes ses œuvres lui obéissent et ne varient pas ; mais tout se passe comme Dieu l'a statué.

2. Et voyez comment les mers et les fleuves accomplissent de concert leur œuvre.

3. Mais vous, vous n'avez pas persévéré ; vous n'avez pas exécuté le précepte du Seigneur, mais vous l'avez transgressé, et vous avez outragé sa grandeur par les paroles hautaines et blessantes de votre bouche impure : secs de cœur, il n'y aura point de paix pour vous.

4. C'est pourquoi vous, vous maudirez vos jours, et les années de votre vie seront perdues ; mais < les années de votre perdition > se multiplieront dans une éternelle malédiction ; et il n'y aura point de miséricorde pour vous.

5. Dans ces jours, vous livrerez votre propre nom à l'éternelle exécration de tous les justes et ils vous maudiront éternellement, vous pécheurs, vous tout ensemble avec les (autres) pécheurs

6. Et pour les élus, il y aura lumière, et joie, et paix et ils hériteront la terre : mais pour vous, impies, il y aura malédiction.

7. Et alors la sagesse sera donnée aux élus ; et ils vivront tous, et ils ne pécheront plus ni par oubli, ni par orgueil ; mais les sages s'humilieront.

8. Ils ne pécheront plus, ni ne seront châtiés tous les jours de leur vie, et ils ne mourront pas par un châtiment ou par la colère (divine) ; mais ils achèveront le nombre des jours de leur vie, et leur vie s'avancera dans la paix, et les années de leur joie se multiplieront dans une allégresse et une paix éternelles, tous les jours de leur vie.

PREMIÈRE PARTIE :
CHUTE DES ANGES ET
ASSOMPTION D'HÉNOCH

Chapitre VI – L'union des anges
avec les filles des hommes

1. Or, lorsque les enfants des hommes se furent multipliés, il leur naquit en ces jours des filles belles et jolies ; et les anges, fils des cieux, les virent, et ils les désirèrent, et ils se dirent entre eux : « Allons, choisissons-nous des femmes parmi les enfants des hommes et engendrons-nous des enfants[10]. »

2. Alors Semyaza, leur chef, leur dit : « Je crains que vous ne vouliez peut-être pas (réellement) accomplir cette œuvre, et je serai, moi seul, responsable d'un grand péché. »

3. Mais tous lui répondirent : « Faisons tous un serment, et promettons-nous tous les uns aux autres avec anathème de ne pas changer de desseins, mais d'exécuter réellement [ce dessein]. »

---

[10] Cf. Genèse, VI, 1-4. « Lorsque les hommes eurent commencé à être nombreux sur la surface de la terre, et qu'il leur fut né des filles, les fils de Dieu virent que les filles des hommes étaient belles, et ils en prirent pour femmes parmi toutes celles qui leur plurent. Et Jéhovah dit : "Mon esprit ne demeurera pas toujours dans l'homme, car l'homme n'est que chair, et ses jours seront de cent vingt ans." Or les géants étaient sur la terre en ces jours-là, et cela quand les fils de Dieu se furent unis aux filles des hommes, et qu'elles leur eurent donné des enfants ce sont là les héros renommés dès les temps anciens. » Cf. Philon, De giganTibus ; S. Justin, Apologie, I. 5. Les Jubilés, IV, 15, donnent une raison différente de la descente des anges : « Dans ses jours (…), les anges du Seigneur descendirent sur la terre, ceux qu'on appelle les veilleurs, afin d'apprendre aux enfants des hommes à pratiquer le droit et l'équité sur la terre. »

4. Alors ils jurèrent tous ensemble et s'engagèrent là-dessus les uns envers les autres avec anathème.

5. Or ils étaient en tout deux cents, et ils descendirent sur Ardis, le sommet du mont Hermon et ils l'appelèrent « mont Hermon » parce que c'est sur lui qu'ils avaient juré et s'étaient engagés les uns envers les autres avec anathème[11].

6. Et voici les noms de leurs chefs : Semyaza, leur prince ; Arakib, Aramiel, Kôkabiel[12], Tamiel, Ramiel, Daniel, Ezéqiel, Baraqiel, Asaël, Armaros, Batariel, Ananiel, Zaqilê, Samsapeel, Satariel, Touriel, Yomeyal, Arazeyal

7. Ce sont leurs chefs de dizaine.

Chapitre VII – Naissance et méfaits des géants

1. < Ceux-ci > et tous les autres avec eux, prirent des femmes ; chacun en choisit une, et ils commencèrent à aller vers elles et à avoir commerce avec elles, et ils leur enseignèrent les charmes et les incantations, et ils leur apprirent l'art de couper les racines et (la science) des arbres[13].

---

[11] Il y a un jeu de mots sur Hermon et anathème, en hébreu herem.

[12] Kôkabiel peut être le nom babylonien de la planète Jupiter, « l'étoile de Bel », c'est-à-dire « du seigneur » Marduk.

[13] Dans le papyrus de Gizeh, le ch. VII débute ainsi : « Et ils prirent des femmes, ils se choisirent chacun deux des femmes, et ils commencèrent à aller vers elles et à se souiller avec elles, » etc. Le texte du Syncelle donne la date de ces unions : « Ceux-ci et tous les autres, dans la onze cent soixante-dix < septième > année du monde, prirent pour eux des femmes et commencèrent à se souiller avec elles jusqu'au cataclysme, et elles leur enfantèrent trois races (générations), d'abord de grands géants, et les géants engendrèrent des Naphélim, et aux Naphélim naquirent des Elioud. Et ils s'étaient accrus en leur

2. Or celles-ci conçurent et mirent au monde de grands géants dont la hauteur était de trois mille coudées.

3. Ils dévorèrent tout le fruit du travail des hommes, jusqu'à ce que ceux-ci ne pussent plus les nourrir.

4. Alors les géants se tournèrent contre les hommes pour les dévorer.

5. Et ils commencèrent à pécher, contre les oiseaux et contre les bêtes, les reptiles et les poissons ; puis ils se dévorèrent la chair entre eux, et ils en burent le sang.

6. Alors, la terre accusa les violents.

Chapitre VIII – Ce que les mauvais anges ont appris aux hommes

1. Et Azazel[14] apprit aux hommes à fabriquer les épées et les glaives, le bouclier et la cuirasse de la poitrine, et il leur montra les métaux, et l'art de les travailler, et les bracelets, et les parures, et l'art de peindre le tour des yeux à l'antimoine et d'embellir les paupières, et les pierres les plus belles et les plus précieuses et toutes les teintures de couleur, et la révolution du monde.

2. L'impiété fut grande et générale : ils forniquèrent, et ils errèrent, et toutes leurs voies furent corrompues[15].

3. Amiziras instruisit les enchanteurs et les coupeurs de racines ; Armaros (apprit) à rompre les charmes, Bara-

---

grandeur et ils apprirent à eux-mêmes et à leurs femmes les philtres et les enchantements. »

[14] Cf. Lévitique, XVI et s. : « Puis il (Aaron) prendra les deux boucs et les ayant placés devant Jéhovah, à l'entrée de la tente de réunion, il jettera le sort sur eux, un sort pour Iahvé et un sort pour Azazel. » Azazel est le dixième des chefs dans Le Syncelle. Dans les ch. X, XIII, etc., il est le chef suprême des mauvais anges.

[15] Gizeh : « et ils se souillèrent dans toutes leurs voies ».

qiel (instruisit) les astrologues. Kôkabiel (enseigna) les signes, Tamiel (la signification) de l'aspect des étoiles, et Asdariel enseigna le cours de la lune.

4. Et dans (leur) anéantissement les hommes crièrent, et leur clameur monta au ciel.

Chapitre IX – Intervention des bons anges

1. Alors Michaël, Uriel, Raphaël et Gabriel regardèrent du haut du ciel, et ils virent le sang répandu en abondance sur la terre et toute l'injustice commise sur la terre.

2. Et ils se dirent l'un à l'autre : « C'est la voix de leur cri que la terre désolée crie jusqu'aux portes du ciel.

3. Maintenant, c'est à vous, saints du ciel, que se plaignent les âmes des hommes ; elles disent : « Portez notre cause devant le Très-Haut, »

4. Et ils (les saints du ciel) disent au Seigneur des rois : « Tu es le Seigneur des seigneurs, le Dieu des dieux et le Roi des rois, et le trône de ta gloire demeure à travers toutes les générations du monde, et ton nom est saint < et béni >, et glorieux pour toute l'éternité [et il est béni et glorieux].

5. C'est toi qui as tout fait, et en toi réside le pouvoir sur toutes choses ; tout est découvert et à nu devant toi ; toi, tu vois tout, et il n'est rien qui puisse se dérober à toi.

6. Tu as vu ce qu'a fait Azazel, comment il a enseigné toute injustice sur la terre, et dévoilé les secrets éternels qui s'accomplissent dans les cieux ; < et > de quelle manière Semyaza, auquel tu avais donné le pouvoir de dominer sur ses compagnons, a instruit les hommes.

7. Et ils s'en sont allés vers les filles des hommes, sur la terre, et ils ont couché avec elles et ils se sont souillés avec ces femmes, et ils leur ont découvert tout péché.

8. Or ces femmes ont mis au monde des géants par qui la terre entière a été remplie de sang et d'injustice.

9. Et maintenant voici que les âmes de ceux qui sont morts crient et se plaignent jusqu'aux portes du ciel ; et leur gémissement est monté, et il ne peut sortir devant l'injustice qui se commet sur la terre.

10. Mais toi, tu connais toutes choses avant qu'elles soient, et toi, tu sais cela, et tu les tolères (les géants), et tu ne nous dis pas ce que nous devons leur faire pour cela.

Chapitre X – Dieu ordonne le déluge et le châtiment des mauvais anges par le feu éternel ; il prédit le bonheur des justes

1. Alors le Très-Haut < dit >, le Grand et le Saint parla, et il envoya Asaralyor au fils de Lamech ;

2. < Va vers Noé > et dis-lui en mon nom : « cache-toi » ; et révèle-lui la consommation qui vient ; car la terre entière va périr, une eau de déluge va venir sur toute la terre, et ce qui se trouve sur elle périra.

3. Et maintenant, instruis-le, afin qu'il échappe et que sa postérité demeure pour toutes les générations.

4. Le Seigneur dit encore à Raphaël : « Enchaîne Azazel, pieds et mains, et jette-le dans les ténèbres ; et ouvre le désert qui est en Dudaël, et jette-le là.

5. Jette sur lui des pierres raboteuses et tranchantes, couvre-le de ténèbres, et qu'il y reste éternellement ; couvre aussi sa face pour qu'il ne voie pas la lumière.

6. Et au grand jour du jugement, qu'il soit jeté dans le brasier.

7. Puis guéris la terre[16] que les anges ont corrompue ; et annonce la guérison de la terre, afin qu'ils guérissent (leur) plaie, et que tous les enfants des hommes ne soient pas perdus par tout le mystère que les veilleurs ont appris et enseigné à leurs enfants.

8. Toute la terre a été corrompue par la science de l'œuvre d'Azazel ; impute-toi donc tout péché. »

9. Et le Seigneur dit à Gabriel : « Va vers les bâtards et les réprouvés et vers les fils de courtisanes et fais disparaître les fils de courtisanes et les enfants des veilleurs d'entre les hommes ; chasse-les et renvoie-les ; ils se détruiront les uns les autres par le meurtre, car il n'y aura pas pour eux de longs jours.

10. Et tout ce qu'ils te demanderont ne sera pas (accordé) à leurs pères en leur faveur, car ils espèrent (les enfants) vivre une vie éternelle, et que chacun d'eux (des enfants) vivra cinq cents ans. »

11. Et à Michaël le Seigneur dit : « Va, enchaîne Semyaza et ses compagnons qui se sont unis aux femmes pour se souiller avec elles dans toute leur impureté.

12. Et lorsque tous leurs enfants se seront égorgés, et lorsqu'eux-mêmes auront vu la destruction de leurs bien-aimés, enchaîne-les pour soixante-dix générations sous les collines de la terre jusqu'au jour de leur jugement et de leur consommation, jusqu'à ce que soit consommé le jugement éternel.

13. En ces jours, on les emmènera dans l'abîme de feu, dans les tourments, et ils seront pour toujours enfermés dans la prison.

---

[16] Puis guéris la terre : commandement conforme à l'étymologie du nom de Raphaël, râpha.

14. Et si quelqu'un est condamné et périt, il sera désormais enchaîné avec eux jusqu'à la consommation des générations des générations.

15. Détruis donc toutes les âmes voluptueuses et les enfants des veilleurs, car ils ont opprimé les hommes.

16. Fais disparaître toute oppression de la face de la terre, que toute œuvre mauvaise cesse, que la plante de justice et de vérité[17] apparaisse, et elle sera en bénédiction ; des œuvres de justice et de vérité seront plantées dans la joie pour toujours.

17. Alors tous les justes échapperont et demeureront vivants jusqu'à ce qu'ils aient engendré mille enfants, et tous les jours de leur jeunesse et de leur vieillesse s'achèveront dans la paix.

18. Et dans ces jours, la terre entière sera cultivée dans la justice ; et elle sera entièrement plantée d'arbres, et remplie de bénédiction.

19. On plantera sur elle tous les arbres d'agrément ; on y plantera des vignes, et la vigne qui y sera plantée donnera du vin à satiété ; et toute graine semée sur elle produira mille mesures pour une, et une mesure d'olives produira dix pressoirs d'huile.

20. Et toi, purifie la terre de toute oppression, de toute violence, de tout péché, de tout impie (*sic*) et de toute impureté qui s'accomplit sur la terre ; fais-les disparaître de la terre.

21. Que tous les enfants des hommes deviennent justes, et que tous les peuples me vénèrent et me bénissent, et tous m'adoreront.

22. Et la terre sera pure de toute corruption, de tout péché, de tout châtiment et de toute douleur ; et je

---

[17] La plante de justice et de vérité est le peuple choisi d'Israël.

n'enverrai plus (ces fléaux) sur la terre jusqu'aux générations des générations et jusqu'à l'éternité.

Chapitre XI – Bénédictions divines

1. Et dans ces jours, j'ouvrirai les trésors de bénédiction qui sont dans le ciel, pour les faire descendre sur la terre, sur les œuvres et le travail des enfants des hommes.

2. Et la paix et la vérité seront unies tous les jours du monde et dans toutes les générations du monde.

Chapitre XII – Assomption et mission d'Hénoch auprès des premiers anges

1. Avant ces événements, Hénoch avait été caché ; et il n'est aucun des enfants des hommes qui sache où il fut caché, et où il est, et ce qu'il est devenu.

2. Or toutes ses actions (se faisaient) dans ses jours avec les veilleurs et avec les saints.

3. Or, moi Hénoch, j'étais occupé à bénir le grand Seigneur, le roi du monde, et voici que les veilleurs m'appelèrent, moi Hénoch le scribe, et me dirent :

4. « Hénoch scribe de justice, va fais savoir aux veilleurs du ciel, qui ont abandonné le ciel très haut, le lieu saint, éternel, et se sont souillés avec des femmes et ont fait comme font les enfants des hommes, et ont pris des femmes, et se sont corrompus d'une grande corruption sur la terre : Il n'y aura pour eux ni paix ni rémission du péché.

5. Et, parce qu'ils se réjouissent au sujet de leurs enfants, ils verront le meurtre de leurs bien-aimés, et sur la perte de leurs enfants ils pleureront et ils supplieront éternellement, mais il n'y aura pour eux ni miséricorde ni paix. »

Chapitre XIII – Les anges déchus demandent à Hénoch d'intercéder pour eux

1. Alors Hénoch s'éloignant dit à Azazel : « Il n'y aura point de paix pour toi ; contre toi a été prononcé un grand jugement pour t'enchaîner.

2. Il n'y aura pour toi ni répit ni intercession, parce que tu as enseigné l'injustice et à cause de toutes les œuvres de blasphème, de violence et de péché que tu as apprises aux hommes.

3. Puis m'avançant je leur parlai à tous ensemble, et tous tremblèrent, et la crainte et l'effroi les saisirent.

4. Et ils me demandèrent d'écrire pour eux une formule de prière afin que rémission leur fût accordée, et de faire monter la formule de leur prière devant le Seigneur du ciel.

5. Car désormais ils ne peuvent plus parler [à Dieu], ni lever les yeux vers le ciel, de honte du crime pour lequel ils ont été condamnés.

6. Alors j'écrivis la formule de leur prière et une supplication pour leur âme, et pour chacune de leurs œuvres, et pour ce qu'ils demandaient (à savoir) qu'il leur fût accordé pardon et répit.

7. Puis, m'étant éloigné, je m'assis près des eaux de Dan[18], dans (le territoire de) Dan, qui est au sud de l'ouest de l'Hermon : et je lus la formule de leur prière jusqu'au moment où je m'assoupis.

8. Or voici que me vint un songe, et que des visions tombèrent sur moi et je vis des visions de châtiment, < et une voix vint qui m'ordonnait > de parler aux enfants du ciel et les reprendre.

---

[18] Affluent du Jourdain, nommé aussi par Josèphe, le petit Jourdain.

9. Et lorsque je me fus éveillé, je me rendis vers eux ; tous ensemble étaient assis en pleurs dans Ublesyaël, qui se trouve entre le Liban et Seneser[19], leur face voilée.

10. Et je racontai, en leur présence, toutes les visions que j'avais vues pendant mon sommeil, et je me mis à dire ces paroles de justice et à reprendre les veilleurs du ciel[20].

Chapitre XIV – Vision d'Hénoch : le châtiment des mauvais anges ; la demeure et le trône de Dieu

1. Ce livre est la parole de justice et de la correction des veilleurs qui existent depuis l'éternité, selon que l'a ordonné le Saint et le Grand dans cette vision.

2. J'ai vu moi-même, dans mon sommeil, ce que maintenant je dis, moi, avec une langue de chair et avec mon souffle, que le Grand a donné à la bouche des hommes pour que par lui ils parlent entre eux et (se) comprennent en leur cœur.

3. De même que Dieu a créé l'homme et lui a donné de prendre la parole de science, ainsi il m'a créé, moi aussi, et m'a donné de reprendre les veilleurs, enfants du ciel.

4. J'ai écrit votre prière ; mais dans ma vision, il me fut montré que votre prière ne serait pas exaucée durant tous les jours du monde, et que le jugement est accompli sur vous, et qu'elle (votre prière) ne sera pas exaucée.

5. Désormais vous ne monterez plus au ciel de toute l'éternité : il a été ordonné de vous enchaîner sur la terre pour tous les jours du monde.

---

[19] Ublesyaël et Seneser ne sont pas identifiés.
[20] Hénoch reprend les mauvais anges.

6. Mais auparavant vous aurez vu le meurtre de vos enfants bien-aimés ; et vous ne les posséderez point, mais ils tomberont devant vous par l'épée.

7. Et votre prière ne sera (exaucée) ni pour eux ni pour vous, et vous-mêmes, tandis que vous pleurez et que vous suppliez, vous ne prononcez pas une parole de l'écrit que j'ai écrit.

8. Or la vision m'apparut ainsi : voici que des nuages m'appelèrent dans la vision, et une nuée m'appela ; et le cours des étoiles et les éclairs me firent hâter et me désirèrent ; et les vents, dans la vision, me firent voler, [et me firent hâter] ; ils m'emportèrent en haut < et me firent entrer > dans les cieux.

9. J'entrai jusqu'à ce que je fusse (arrivé) près d'un mur construit en pierres de grêle ; des langues de feu l'entouraient, et elles commencèrent à m'effrayer.

10. J'entrai dans les langues de feu et j'approchai d'une grande maison, bâtie en pierres de grêle ; les murs de cette maison étaient comme une mosaïque en pierres de grêle, et son sol était de grêle.

11. Son toit était comme le chemin des étoiles et (comme) des éclairs au milieu (se tenaient) des chérubins de feu, et son ciel était d'eau.

12. Un feu ardent entourait les murs, et sa porte (de la maison) flambait dans le feu.

13. J'entrai dans cette maison ; elle était brûlante comme du feu et froide comme de la neige : et il n'y avait dans cette maison aucun des agréments de la vie ; la crainte m'accabla et le tremblement me saisit.

14. Ému et tremblant, je tombai sur ma face et je vis une vision.

15. Et voici : (c'était) une autre maison, plus grande que la première, dont toutes les portes étaient ouvertes devant moi ; elle était bâtie en langues de feu, et en tout si excellente, en magnificence, en splendeur et en grandeur, que je ne puis vous le dire à cause de sa magnificence et de sa grandeur.

16. Son sol était de feu ; des éclairs et le cours des étoiles (formaient) sa partie supérieure, et son toit, lui aussi, était de feu ardent.

17. Et je regardai, et je vis dans cette maison un trône élevé dont l'aspect était celui du cristal, et dont le pourtour était comme le soleil brillant, et la voix des chérubins (se faisait entendre).

18. De sous le trône sortaient des fleuves de feu ardent, et je ne pouvais pas les regarder.

19. La grande gloire siégeait sur ce trône, et son vêtement était plus brillant que le soleil et plus blanc que toute neige.

20. Pas un ange ne pouvait entrer < dans cette maison > et voir la face du Glorieux et du Magnifique, et aucun être de chair ne pouvait le regarder.

21. Un feu ardent l'entourait, et un grand feu se dressait devant lui ; aucun de ceux qui l'entouraient ne s'approchait de lui ; des myriades de myriades (d'anges) se tenaient devant lui, mais lui ne demandait pas conseil.

22. Et les saintetés des saints qui étaient près de lui ne s'éloignaient pas pendant la nuit et ne se séparaient pas de lui.

23. Et moi, jusqu'à ce moment, j'étais sur ma face voilée, tremblant et le Seigneur, de sa propre bouche, m'appela et me dit : « Viens ici Hénoch et < écoute > ma parole [sainte]. »

24. Et s'étant approché de moi, l'un des saints m'éveilla, me fit lever et approcher de la porte ; et moi je regardais, la tête baissée.

Chapitre XV – Dieu charge Hénoch de représenter aux mauvais anges l'énormité de leur faute

1. Il m'adressa la parole et me dit, et j'entendis sa voix : « Ne crains point, Hénoch, homme juste, scribe de justice ; approche ici, et écoute ma voix.

2. Et va, dis aux veilleurs du ciel qui t'ont envoyé supplier pour eux : « C'est à vous qu'il convient d'intercéder pour les hommes et non pas aux hommes pour vous. »

3. Pourquoi avez-vous abandonné le ciel très haut et saint, qui est éternel, vous êtes-vous couchés avec les femmes, vous êtes-vous souillés avec les filles des hommes, avez-vous pris des femmes et avez-vous agi comme les enfants de la terre, et avez-vous engendré, pour fils, des géants[21] ?

4. Vous donc, saints, spirituels, vivant d'une éternelle vie, vous vous êtes souillés dans le sang des femmes, et vous avez engendré avec le sang de la chair : selon le sang des hommes vous avez désiré, et vous avez fait chair et sang comme font ceux qui meurent et qui périssent.

5. C'est pourquoi je leur ai donné des femmes pour qu'ils les fécondent, et qu'ils en aient des enfants qu'ainsi toute œuvre ne cesse pas sur la terre.

6. Quant à vous, vous fûtes d'abord spirituels, vivant d'une vie éternelle, immortelle, pour toutes les générations du monde.

7. C'est pourquoi je ne vous ai pas attribué de femmes, car le séjour des spirituels du ciel est dans le ciel.

---

[21] « Mais les anges violant cet ordre ont cherché le commerce des femmes et ont engendré des enfants que nous appelons les démons. » Apologie de S. JusTin. VI, 3.

8. Et maintenant les géants qui sont nés des esprits et de la chair seront appelés, sur la terre, esprits mauvais, et sur la terre sera leur séjour.

9. Des esprits mauvais sont sortis de leur chair des géants, parce qu'ils ont été faits par les hommes, <et> des saints veilleurs (vient) leur origine et leur premier fondement. Ils seront des esprits mauvais sur la terre, et ils seront appelés esprits mauvais.

10. Les esprits du ciel ont leur demeure dans le ciel et les esprits de la terre, qui ont été engendrés sur la terre, ont leur demeure sur la terre.

11. Et les esprits des géants, des Nephilim, qui oppriment, détruisent, font irruption, combattent, brisent sur la terre et y font le deuil, ne mangent aucune nourriture et n'ont point soif, et sont inconnaissables, ces esprits s'élèveront contre les enfants des hommes et contre les femmes, car ils sont sortis < d'eux >.

Chapitre XVI – Les veilleurs seront punis pour avoir communiqué aux hommes un secret funeste

1. Depuis les jours du meurtre, de la destruction et de la mort des géants, (jours) où les esprits sont sortis des âmes de leur chair, — que soient sans Jugement ceux qui perdront ; ils perdront ainsi jusqu'au jour de l'accomplissement du grand jugement, où le grand temps prendra fin, [à cause des veilleurs et des impies]. Et maintenant aux veilleurs qui t'ont envoyé supplier pour eux, qui autrefois habitaient dans le ciel, (dis-leur :) « Vous étiez tout à l'heure dans le ciel ; mais < tous > les secrets ne vous avaient pas encore été révélés ; vous n'avez connu qu'un mystère futile ; dans l'endurcissement de votre cœur, vous l'avez communiqué aux femmes, et, par ce Mystère, les femmes et les hommes ont multiplié le mal sur la terre. »

2. Dis-leur donc : « Il n'y a pas pour vous de paix. »

Chapitre XVII – Hénoch est emporté au séjour de la tempête, de la lumière, du tonnerre, etc.[22]

1. Puis l'on m'emporta en un lieu dont les habitants sont comme un feu ardent, et ils apparaissent, quand ils veulent, comme des hommes.

2. Et on me conduisit au séjour de la tempête, et sur une montagne dont le plus haut sommet touchait au ciel.

---

[22] Sur l'origine des ch. XVII-XIX. Charles, The book of Enoch, p. 87 et 90, remarque qu'ils contiennent des allusions à la mythologie grecque (XVII, 5-8) et qu'ils sont en contradiction avec le reste du livre sur l'origine des démons. Selon XV, 4-12, les démons sont les esprits des géants, fils des anges ; selon XIX, 1, ils auraient existé avant les anges, puisque ceux-ci induisent les hommes à sacrifier aux démons comme à des dieux. Ce dernier point est discutable. En réalité, XIX, 1, emploie le futur, en grec comme en éthiopien : « ils les feront errer pour qu'ils sacrifient aux démons ». On peut donc l'entendre en ce sens que les anges après leur chute persuaderont aux hommes de sacrifier aux démons, aux esprits mauvais sortis de leur union avec les filles des hommes. Par conséquent, il n'implique pas l'antériorité des démons sur les anges. Il est plus difficile de concilier cette action des anges déchus avec la captivité éternelle et l'impuissance auxquelles ils sont condamnés d'après X, 11-14, et XIV, 5. Pour les éléments grecs, leur présence est incontestable ; mais ces chapitres contiennent aussi des idées très hébraïques, des expressions qu'on rencontre souvent dans l'Ancien Testament ou chez les Babyloniens (XVII, 4). — Ils sont sans doute l'œuvre d'un Juif familiarisé avec la mythologie grecque. — Sont-ce les démons qui peuvent prendre tantôt l'apparence du feu, tantôt celle de l'homme, conformément à la double origine qu'ils tirent des anges et des filles des hommes ?

3. Je vis les demeures des luminaires et du tonnerre, aux extrémités, dans l'abîme où sont l'arc de feu, les flèches et leur carquois, le glaive de feu et tous les éclairs ;

4. Puis on m'emmena jusqu'aux eaux-de-vie [qui sont (ainsi) nommées[23]], et jusqu'au feu du couchant ; c'est lui qui saisit tous les couchers du soleil.

5. Et j'arrivai jusqu'à un fleuve de feu dont le feu coule comme de l'eau et se déverse dans la grande mer qui est du côté du couchant[24].

6. Et je vis les grands fleuves[25], et j'atteignis une grande obscurité, et je parvins là où aucun être de chair < ne > marche ; je vis les montagnes des ténèbres de l'hiver, et l'endroit où se déversent les eaux de tout l'abîme.

7. Et je vis l'embouchure de tous les fleuves de la terre, et l'embouchure de l'abîme[26].

---

[23] Que sont ces eaux de vie ? Dans la Bible, il est question de la source de la vie au point de vue spirituel. La conception de notre auteur est à rapprocher plutôt, croyons-nous, de celle des Babyloniens qui plaçaient les eaux de vie dans leur enfer. Dans la Descente d'IshTâr aux enfers (IV. 34 et 38), Ereshkigal, la déesse du pays d'où on ne revient pas, avant de faire comparaître Ishtâr et de la rendre à la lumière, ordonne qu'on l'asperge avec les eaux de vie.

[24] Le fleuve de feu est le Phlégéton des enfers grecs ; et la mer du côté du couchant, l'Okéanos des anciens ou la mer des enfers.

[25] Les grands fleuves sont sans doute le Styx, l'Achéron, le Cocyte et le Tartare.

[26] L'embouchure de tous les fleuves est l'Okéanos ou l'abîme (Tehora bébreu), qui reçoit tous les fleuves, mais pour les alimenter à son tour. Amos, V. 8 ; IX, 6, etc.

Chapitre XVIII – Vision des vents, de sept montagnes de pierres précieuses, d'un abîme de feu et de sept étoiles enchaînées aux extrémités du ciel et de la terre

1. Je vis les réservoirs[27] de tous les vents, et je vis que par eux (Dieu) a orné toute la création et je vis les fondements de la terre.

2. Je vis encore la pierre angulaire de la terre[28], et je vis les quatre vents qui soutiennent la terre et le firmament du ciel[29].

3. Je vis comment les vents étendent (comme un voile) le haut du ciel, et (comment ils se tiennent entre le ciel et la terre ; ils sont les colonnes du ciel.

4. Je vis les vents qui font tourner le ciel, qui font coucher le disque du soleil et toutes les étoiles.

5. Je vis les vents qui, sur la terre, portent parmi les nues[30] ; je vis les voies des anges ; je vis, aux confins de la terre, le firmament des cieux en haut.

6. Puis je passai au sud, < et je vis un lieu > qui brûlait jour et nuit, où se trouvaient sept montagnes de

---

[27] Réservoirs ; litt. « trésors ».

[28] Pierre angulaire de la terre. Cf. Job, XXXVIII, 4-6.

[29] Les quatre vents, expression babylonienne ; mais, chez les Babyloniens, les quatre vents ou les vents des quatre points cardinaux ne soutenaient ni la terre ni le firmament. Notre auteur a vu dans les vents les « colonnes de la terre » de Job, IX, 6, et Ps. LXXV, 4.

[30] Les vents qui portent parmi les nues. Ce passage est assez obscur ; peut-être y a-t-il eu transposition entre « vents » et « nues » et l'original donnait-il : « les nues qui sur la terre sont portées par les vents. » Cf. Job, XXXVII, 16. Ou bien l'auteur fait allusion au poids de la terre que supportent les vents au milieu des nues. Le texte grec donne la conception babylonienne qui fait reposer les extrémités du firmament sur l'horizon, « le fondement des cieux », ishid shamê.

pierres précieuses, trois du côté de l'orient, et trois du côté du midi.

7. Or, (parmi) celles qui étaient à l'orient, une était de pierre multicolore, une de perles, et l'autre de pierre de guérison ; et celles qui étaient au sud étaient de pierre rouge.

8. Celle du milieu s'élevait jusqu'au ciel comme le trône de Dieu ; elle était en albâtre et le haut du trône en saphir.

9. Et je vis un feu ardent, et, derrière ces montagnes, [je vis là] un lieu, au-delà de la grande terre, où se rejoignent les cieux.

10. Puis je vis un gouffre profond, près des colonnes de feu du ciel, et je vis entre elles des colonnes de feu qui descendaient et dont la hauteur et la profondeur étaient incommensurables.

11. Au-delà de ce gouffre, je vis un lieu sur lequel ne s'étendait pas le firmament des cieux, sous lequel il n'y avait point le fondement de la terre ; sur lui il n'y avait ni eau ni oiseaux, mais ce lieu était désert et terrible.

12. Là je vis sept étoiles, semblables à de grandes montagnes qui brûlaient, et comme j'interrogeais à leur sujet, l'ange me dit : « Ce lieu est la fin du ciel et de la terre ; c'est la prison des étoiles[31] et des puissances du ciel.

13. Les étoiles qui roulent sur le feu sont celles qui ont transgressé le commandement du Seigneur dès leur lever, — car elles ne sont pas venues en leur temps[32].

---

[31] Les étoiles sont personnifiées comme dans l'animisme babylonien, qui attribuait un esprit à chacun des astres et finissait par le confondre avec lui. Cf. Apocalypse, IX, 1-2.

[32] C'est à ce passage d'Hénoch que semble faire allusion l'épître de S. Jude, 13 : « astres errants, auxquels d'épaisses ténèbres sont réservées pour l'éternité ».

14. Et il s'est irrité contre elles, et il les a enchaînées[33] jusqu'au temps de la consommation de leur péché, dans l'année du mystère. »

Chapitre XIX – Le sort des mauvais anges et de leurs femmes

1. Puis Uriel me dit : « C'est ici que les anges, qui se sont unis aux femmes, se tiendront. Leurs esprits, prenant de nombreuses apparences, ont souillé les hommes, et ils les feront errer pour qu'ils sacrifient aux démons comme à des dieux, jusqu'au jour du grand jugement, jour où ils seront jugés pour être perdus.

2. Quant à leurs femmes qui ont séduit les anges, elles deviendront des Sirènes. »

3. Et moi, Hénoch, moi seul, j'ai vu la vision, la fin de tout ; et aucun homme ne verra comme moi j'ai vu.

Chapitre XX – Les noms et les rôles des saints anges

1. Voici les noms des saints anges qui veillent :

2. Uriel, l'un des saints anges, celui du monde et du Tartare[34] ;

---

[33] Cf. Apocalypse, XX, 2 et 3 : « Il saisit le dragon, le serpent ancien, qui est le diable et Satan, et il l'enchaîna pour mille ans, et il le jeta dans l'abîme qu'il ferma à clef et scella sur lui, afin qu'il ne séduisît plus les nations jusqu'à ce que les mille ans fussent écoulés. »

[34] « Du monde et du Tartare », d'après le grec. — G et M : « du monde et de la terreur ». — Tous les autres manuscrits éthiopiens : « Du tonnerre et de la terreur ».

3. Raphaël, l'un des saints anges, celui des âmes des hommes

4. Raguël, l'un des saints anges, qui tire vengeance du monde des luminaires :

5. Michaël, l'un des saints anges, préposé aux meilleurs des hommes, (à la garde) du peuple ;

6. Saraqiel, l'un des saints anges, préposé aux esprits des enfants des hommes qui pèchent contre les esprits :

7. Gabriel, l'un des saints anges, préposé au paradis, aux dragons et aux chérubins ;

8. < Remeiel, l'un des saints anges, que Dieu a préposé sur les ressuscités. Des archanges (ce sont les) sept noms. >

Chapitre XXI – La faute des sept étoiles
L'abîme de feu, prison des mauvais anges

1. Ensuite je tournai jusqu'où rien ne se fait.

2. Là, je vis une chose terrible ; je ne vis ni ciel en haut ni terre fondée (en bas), mais un lieu informel et effrayant.

3. J'y vis sept étoiles du ciel, enchaînées ensemble en ce lieu, semblables à de grandes montagnes, et brûlant dans le feu.

4. Alors je demandai : « Pour quel péché ont-elles été enchaînées, et pourquoi ont-elles été jetées ici ? »

5. Uriel, un des saints anges qui était avec moi et me guidait, me dit : « Hénoch, sur qui demandes-tu et sur qui interroges-tu et t'inquiètes-tu ?

6. Ces étoiles sont de celles qui ont transgressé l'ordre du Seigneur, et elles ont été enchaînées ici jusqu'à ce que dix mille siècles soient accomplis, nombre des jours de leurs péchés. »

7. De là, je passai dans un autre lieu plus effrayant que celui-là et j'y vis une chose horrible : il y avait là un grand feu ardent, lançant des flammes ; et ce lieu avait une fissure allant jusqu'à l'abîme, rempli (lui-même) de grandes colonnes de feu qu'on (y) faisait descendre ; et je ne pus voir ni ses dimensions ni sa grandeur, et je ne pus le fixer.

8. Je dis alors : « Comme ce lieu est horrible et pénible à voir. »

9. Alors, Uriel, un des saints anges, qui était avec moi, m'adressa la parole et me dit : « Hénoch, pourquoi ressens-tu pareille crainte et frayeurs ? — < Et je répondis : > « C'est à cause de ce lieu horrible, et à l'aspect de cette souffrance. »

10. Il me dit : « Ce lieu est la prison des anges ; c'est là qu'ils seront détenus jusqu'à l'éternité. »

Chapitre XXII – Le séjour des âmes des morts avant le jugement

1. De là je me rendis dans un autre lieu, et il me montra à l'occident une grande et haute montagne et de durs rochers.

2. Il y avait là quatre cavités[35], très profondes, très larges et très lisses ; < trois d'entre elles étaient sombres et une lumineuse ; au milieu se trouvait une source d'eau ;

---

[35] À l'encontre des Hébreux et des Assyriens, qui plaçaient le séjour des âmes (scheol, chez les Hébreux, arallu chez les Assyriens) dans le monde souterrain, notre auteur, adoptant les conceptions des Égyptiens, semble le placer au loin sur cette terre. Il le divise en quatre sections. Voir infra, v. 9.

et je dis > : « Comme ces cavités sont lisses et profondes et d'un aspect sombre ! »

3. À ce moment, Raphaël, un des saints anges, qui était avec moi, répondit et me dit : « Ces cavités sont (faites) pour qu'y soient réunis les esprits des âmes des morts ; c'est pour cela qu'elles ont été créées, pour qu'y soient réunies toutes les âmes des enfants des hommes.

4. Et ces lieux ont été faits pour les y faire demeurer jusqu'au jour de leur jugement et jusqu'au temps qui leur a été fixé ; et ce long temps (durera) jusqu'au grand juge-ment (qui sera rendu) sur eux.

5. Je vis les esprits des enfants des hommes qui étaient morts, leur voix arrivait jusqu'au ciel et se plaignait[36].

---

[36] Cf. Genèse, IV, 10. — Avec ce verset commence la division du scheol d'après Hénoch. — Les classes d'âmes que les Babylo-niens semblent avoir distinguées dans leur arallu, ne paraissent répondre à aucune idée de rétribution. L'ombre d'Eabani apprend à Gilgamesh que le guerrier tombé dans la bataille boit de l'eau pure dans arallu. Celui dont le cadavre gît sans sépulture, son ombre est sans repos. Celui dont personne ne prend soin, son ombre doit se contenter des restes jetés dans la rue (Épopée de Gilgamesh, tablette XII). En règle générale, l'Ancien Testament ne distingue pas non plus, au point de vue de la rétribution, entre les âmes qui descendent au scheol. Cependant, les Proverbes (XV, 24) opposent le sentier des sages, au sentier de vie qui mène en haut, au séjour des morts, qui est en bas (Cf. Ezéchiel, XXXII, 19-32). — Hénoch, lui, divise le séjour des morts en quatre sections d'après l'innocence ou la culpabilité des âmes, et aussi d'après les souffrances qu'elles ont ou qu'elles n'ont pas éprouvées sur la terre. Deux sections sont réservées aux âmes des justes, et deux à celles des pécheurs : 1re section (v. 5-7), les justes martyrs dont le type est Abel ; 2e section (v. 8-9), les autres justes ; 3e section (v. 10-11), les pécheurs qui n'ont subi aucun châtiment, au-cune épreuve ici-bas ; 4e section (v, 12-13), les pécheurs qui ont été persécutés ici-bas et mis à mort par d'autres pécheurs ; ils ne ressusci-teront pas, ne sortiront pas du scheol pour subir un autre châtiment ; mais, parce qu'ils ont déjà souffert sur la terre, ils seront moins punis, et leur peine s'accomplira dans le premier séjour des âmes. Au con-

6. Alors j'interrogeai Raphaël, l'ange qui était avec moi, et je lui dis : «De qui est-il, cet esprit dont la voix arrive ainsi jusqu'au ciel et se plaint ?»

7. Il me répondit et me parla en ces termes :

«Cet esprit est celui qui est sorti d'Abel que son frère Caïn a tué, et il l'accuse jusqu'à ce que sa race soit anéantie sur la face de la terre et que sa race disparaisse de la race des hommes. »

8. À ce moment j'interrogeai [à son sujet et] au sujet de toutes les (autres) cavités : «Pourquoi sont-elles séparées l'une de l'autre ?»

9. Il me répondit en disant : « Ces trois ont été faites pour séparer les (autres) esprits des morts. Celle-ci est séparée pour les esprits des justes, celle où est la source d'eau lumineuse[37].

---

traire, les autres pécheurs, ceux de la troisième section, sortiront de leur scheol au jour du jugement dernier pour être condamnés à un châtiment sans fin, tandis que les justes recevront les récompenses éternelles. Infra, ch. XXVI-XXVII ; ciii, 5-8, et Daniel, III, 2.

[37] Variante :

9. Et il me répondit et me dit : «Ces trois cavités ont été faites pour séparer les esprits des morts. Ainsi sont séparées les âmes des justes, là où se trouve auprès la source d'eau de vie la lumière.

10. De la même façon (une séparation) a été faite pour les pécheurs lorsqu'ils meurent et qu'ils sont ensevelis dans la terre, et qu'un jugement n'a pas été prononcé contre eux pendant leur vie.

C'est là que leurs âmes sont mises à part pour ce grand tourment, jusqu'au grand jour du châtiment et de la torture de ceux qui maudissent jusqu'à l'éternité, et (jusqu'au jour de) la vengeance qui s'exercera sur leurs âmes. C'est là qu'il les enchaînera pour l'éternité [ou sinon : avant l'éternité].

12. Et de même, il a été fait une séparation pour les âmes, de ceux qui se plaignent, qui font connaître leur meurtre lorsqu'ils ont été mis à mort dans les jours des pécheurs.

13. Et pareillement, elle a été faite pour les Ames des hommes qui n'ont pas été justes, mais pécheurs consommés en crime, et ils seront

10. Celle-ci a été créée (pour être celle) des pécheurs lorsqu'ils meurent et qu'ils sont ensevelis dans la terre[38], et qu'un jugement n'a pas eu lieu sur eux dans leur vie.

11. Là sont mises à part leurs âmes pour ce grand châtiment, jusqu'au grand jour du jugement, des châtiments et des tourments des maudits pour l'éternité, pour qu'(ait lieu) la rétribution des esprits. Là il les enchaînera pour toujours.

12. Celle-ci a été séparée pour les âmes de ceux qui sollicitent, qui font connaître (leur) perte, lorsqu'ils ont été tués dans les jours des pécheurs.

13. Et celle-ci a été créée pour les âmes des hommes, de tous ceux qui ne seront pas purs, mais pécheurs, impies, et (qui) auront part avec les sans-loi. Mais leurs esprits [parce que ceux qui ont été opprimés ici-bas) sont moins châtiés] ne seront pas punis au jour du jugement et ne seront pas ressuscités d'ici. »

12. À ce moment je bénis se Seigneur ne gloire et je dis : « Béni soit mon Seigneur, le Seigneur de justice, qui règne pour l'éternité. »

Chapitre XXIII – Le feu qui poursuit les lumières du ciel

1. De là, j'allai dans un autre lieu, vers l'occident, jusqu'aux extrémités de la terre.

---

aussi avec les criminels. Quant à leur âme, elle ne sera pas mise à mort au jour du jugement, mais ils ne ressusciteront pas de là. »

[38] Ensevelis dans la Terre. Les Sémites tenaient la privation de sépulture pour un des plus grands outrages et des plus grands malheurs que pût subir un homme. Assurbanipal viola les tombes des rois d'Elam dans le sac de Suse pour enlever tout repos à leurs ombres (Annales d'Assurbanipal, col. VI, lig. 70-76). Sur les vues des Hébreux, voir Isaïe, XIV, 19-20.

2. Et je vis un feu ardent qui courait sans se reposer et sans interrompre sa course ni jour ni nuit, tout en demeurant le même.

3. Et j'interrogeai en disant : « Qu'est cet (objet), qui est sans repos ? »

4. Alors Raguël, un des saints anges, qui était avec moi, me répondit et me dit : « Ce (feu) dont tu as vu la course vers l'occident est le feu qui poursuit tous les luminaires du ciel. »

Chapitre XXIV – Hénoch voit sept montagnes splendides et un arbre merveilleux

1. De là, je passai dans un autre lieu de la terre, et il me montra une montagne de feu qui jetait des flammes jour et nuit.

2. Je marchai dans sa direction et je vis sept montagnes magnifiques, toutes différentes l'une de l'autre, et des pierres précieuses et belles, et toutes étaient splendides, d'une apparence magnifique et d'un aspect admirable ; trois du côté de l'orient appuyées l'une contre l'autre, et trois vers le midi l'une au-dessus de l'autre ; et je vis des vallées profondes et sinueuses ; aucune n'approchait de l'autre.

3. La septième montagne était au milieu d'elles ; elle les dépassait toutes comme un trône, et des arbres odoriférants l'entouraient.

4. Parmi eux se trouvait un arbre dont je n'avais encore jamais senti le parfum, et il n'y en avait pas de semblable parmi ces arbres ou d'autres ; il exhale une odeur au-dessus de tout parfum, et ses feuilles, ses fleurs et son bois ne se dessèchent jamais ; son fruit est beau, et il ressemble aux grappes du palmier.

5. Alors je dis : « Le bel arbre ! Il est beau à voir, son feuillage est gracieux, et son fruit est d'un aspect très agréable[39]. »

6. Alors Michaël, l'un des anges saints et glorieux, qui était avec moi, et qui était préposé à ces (arbres), me répondit.

Chapitre XXV – Michaël explique à Hénoch la vision des sept montagnes et de l'arbre merveilleux

1. Et il me dit : « Hénoch, pourquoi m'interroges-tu sur le parfum de cet arbre, et cherches-tu à connaître < la vérité > ? »

2. Alors je lui répondis, moi Hénoch, en ces termes : « Je désire être instruit de tout, mais spécialement de ce qui concerne cet arbre. »

3. Et il répondit en disant : « Cette haute montagne que tu as vue, dont le sommet ressemble au trône du Seigneur, c'est (précisément) son trône — sur lequel siégera le Saint et le grand Seigneur de gloire, le Roi éternel, lorsqu'il descendra visiter la terre, pour le bien.

4. Cet arbre odoriférant, aucun être de chair n'a le pouvoir d'y toucher jusqu'au grand jugement, lorsque (Dieu) tirera vengeance de tout et consommera (tout) pour l'éternité : mais (alors) cet arbre sera donné aux justes et aux humbles[40].

---

[39] C'est l'arbre de vie.

[40] Cf. Genèse, II, 9 ; III, 22 ; Apocalypse, II, 7 : « À celui qui vaincra, je lui donnerai à manger de l'arbre de vie, qui est dans le paradis de [mon] Dieu ; » Apoc., XXII, 2 : « Et de part et d'autre du fleuve, des arbres de vie qui donnent douze fois leurs fruits, les rendant une fois par mois, et dont les feuilles servent à la guérison des nations. » v.

5. Par son fruit, la vie sera communiquée aux élus ; et il sera planté du côté du nord, dans un lieu saint, près de la demeure du Seigneur, Roi éternel.

6. Alors (les justes et les humbles) se réjouiront dans l'allégresse, et ils exulteront, ils entreront dans le sanctuaire ; la bonne odeur de cet arbre (pénétrera) leurs os, et ils vivront d'une longue vie sur la terre comme ont vécu tes pères, et dans leurs jours la tristesse, la souffrance, les tourments et les châtiments ne les atteindront pas. »

7. Alors je bénis le Dieu de gloire, le Roi éternel, parce qu'il avait préparé de pareilles (récompenses) aux hommes justes et créé de telles choses, et qu'il avait dit de les leur donner.

Chapitre XXVI – Hénoch voit d'autres montagnes séparées par des vallées profondes

1. De là je me rendis au milieu de la terre[41], et je vis un lieu béni et fertile[42] < où étaient des arbres > aux rameaux permanents et poussant (même) de l'arbre une fois coupé[43].

---

14 : « Heureux ceux qui lavent leurs robes afin d'avoir droit à l'arbre de la vie, et afin d'entrer dans la ville par les portes ! » v. 19 : « Si quelqu'un retranche des paroles de ce livre prophétique, Dieu lui retranchera sa part de l'arbre de la vie et de la cité sainte, qui sont décrits dans ce livre. » CL Ezéchiel, XLVII, 42 ; IV Esdras, VIII, 52 ; Le Testament de Lévi, ch. XVIII.

[41] Au milieu de la terre, c'est-à-dire à Jérusalem considérée comme le centre de la terre. Cf. Ezéchiel, XXXVIII, 12, et Livre des Jubilés, VIII, 19. L'auteur de notre livre donne à grands traits, dans ce chapitre, la topographie des environs de la ville sainte.

[42] Un lieu saint, c'est-à-dire Jérusalem, sans doute la nouvelle Jérusalem.

[43] L'arbre coupé ou abattu est Israël, d'où sortira le peuple des temps messianiques, en rameaux qui pousseront même après la chute politique d'Israël.

2. Là je vis une montagne sainte[44], et, au pied de la montagne, de l'eau venant de l'orient et coulant vers le midi.

3. Puis je vis du côté de l'orient une autre montagne[45] plus haute que la première, et entre elles une gorge profonde[46], mais sans largeur, dans laquelle l'eau coule le long de la montagne.

4. À l'ouest de cette (haute montagne), est une autre montagne[47], plus basse et sans élévation, et au-dessous une gorge, entre les deux[48] ; et une autre gorge profonde et desséchée[49] se trouve à l'extrémité des trois (montagnes).

5. Et toutes les gorges sont profondes et sans largeur de roche dure ; et pas un arbre < n'y > est planté.

6. J'admirai le rocher, j'admirai la gorge, et je m'étonnai fort.

Chapitre XXVII – Uriel explique à Hénoch que la vallée maudite (la Géhenne) est destinée aux maudits

1. Alors je dis : « Pourquoi cette terre est-elle bénie et toute remplie d'arbres, tandis que cette gorge au milieu (des montagnes) est maudite ? »

---

[44] Sion, le mont Moriah.

[45] Le mont des Oliviers.

[46] Vallée du Cédron ou de Josaphat.

[47] Le mont du Mauvais-Conseil.

[48] La partie inférieure de la vallée du Cédron, Ouâdi-en-Nahr, qui sépare le mont des Oliviers du mont du Mauvais-Conseil.

[49] L'autre gorge profonde et desséchée qui se trouve à l'extrémité des trois montagnes est la vallée de Hinnom (Gehinnom, géhenne), situé au point de rencontre de Sion, du mont des Oliviers et du mont du Mauvais-Conseil.

2. Alors Uriel, l'un des saints anges, qui était avec moi, me répondit et me dit : « Cette vallée maudite est (destinée) aux maudits pour l'éternité c'est là que seront rassemblés tous ceux qui de leur bouche prononcent contre le Seigneur des paroles inconvenantes, et disent sur sa gloire des insolences ; là on les réunira, et là sera le lieu de leur châtiment.

3. À la fin des temps, leur apparaîtra le spectacle du jugement qui se fera dans la justice en présence des justes pour l'éternité là, tous les jours, ceux qui auront obtenu miséricorde béniront le Seigneur de gloire, le Roi éternel.

4. Au jour du jugement de ces (méchants), les justes le béniront pour la part qu'il leur a faite dans (sa) miséricorde. »

5. Alors je bénis le Seigneur de gloire, je publiai sa gloire et je chantai, comme il convient à sa grandeur.

Chapitre XXVIII – Hénoch voit un cours d'eau

1. De là j'allai vers l'orient, au milieu de la chaîne de montagnes du désert, et je vis un désert et (il était) solitaire, rempli d'arbres,

2. Et de ces semences, jaillissait de l'eau d'en haut sur (ce désert), elle paraissait comme un cours d'eau abondant qui se déversait vers le nord-ouest et de partout montaient l'eau et la rosée.

Chapitre XXIX – Les arbres du jugement

1. De là, je me rendis en un autre point du désert et je m'approchai de l'est[50] de cette montagne.

---

[50] Hénoch se dirige vers l'est, c'est-à-dire vers la région qui était pour les anciens le pays des parfums.

2. Et là je vis les arbres du jugement, qui exhalent une odeur suave d'encens et de myrrhe et leurs fruits ressemblaient < à des noix >.

Chapitre XXX – Nouveaux arbres odoriférants

1. Et j'allai non loin de là, au-delà des arbres vers l'orient et je vis un autre lieu : une gorge (remplie) d'une eau, comme celle qui ne tarit point,

2. Et je vis un bel arbre, semblable à un arbre odoriférant, comme la résine du lentisque.

3. Sur les bords de ces gorges je vis le cannelier odoriférant, puis je m'avançai au-delà vers l'orient.

Chapitre XXXI – Le nectar ; le fruit de l'aloès

1. Et je vis d'autres montagnes sur lesquelles il y avait des arbres, et il s'en échappait une sorte de nectar qu'on appelle Sararâ[51] et Galbanum.

2. Derrière ces montagnes, je vis une autre montagne sur laquelle étaient des aloès, et ces arbres étaient remplis d'un (fruit) semblable à des amandes, et dur.

3. Et lorsqu'on broie ce fruit, il l'emporte sur tous les parfums.

Chapitre XXXII – Le paradis terrestre et l'arbre de la science

1. Après (avoir senti) ces parfums, comme je regardais vers le nord, au-delà des montagnes, je vis sept mon-

---

[51] Sarran, espèce de gomme.

tagnes remplies de nard pur, d'arbres odoriférants, de cannelle et de poivre.

2. De là, je franchis le sommet de ces montagnes, au loin vers l'orient, et je traversai la mer Érythrée[52] et je m'en éloignai, et je passai au-dessus de l'ange Zotiel (*sic*).

3. Et j'arrivai dans le paradis de justice, et je vis au-delà de ces arbres, des arbres nombreux et grands ; ils poussent là même, et leur odeur est suave, ils sont élevés, d'une grande beauté, et magnifiques ; et il y a là l'arbre de la sagesse : ceux qui en mangent possèdent une grande sagesse.

4. Il ressemble au caroubier ; son fruit, semblable à une grappe de vigne, est très beau et l'odeur de cet arbre se répand et pénètre au loin.

5. Et je dis : « Comme cet arbre est beau, et comme son aspect est beau et agréable ! »

6. L'ange saint, Raphaël, qui était avec moi, me répondit et me dit : « C'est l'arbre de la sagesse, dont mangèrent ton vieux père et ta vieille mère, tes aïeux ; et ils connurent la science, leurs yeux s'ouvrirent, ils surent qu'ils étaient nus, et ils furent chassés du paradis. »

Chapitre XXXIII – Les extrémités de la terre et les ports par où se lèvent les astres

1. De là, j'allai jusqu'aux extrémités de la terre, et j'y vis de grandes bêtes, différentes les unes des autres, et aussi des oiseaux différents d'aspect, de beauté, et de ramage ; chacun différait de l'autre.

2. À l'est de ces bêtes, je vis les extrémités de la terre où repose le ciel, et les portes du ciel étaient ouvertes.

---

[52] Érythrée, c'est-à-dire le golfe persique et l'océan indien.

3. Et je vis comment les étoiles du ciel se lèvent, et je comptai les portes par où elles se lèvent, et j'inscrivis tous leurs levers, pour chacune en particulier, selon leur nombre et leurs noms, selon leur conjonction et leur position, leur temps et leurs mois, comme Uriel, l'ange qui était avec moi, me le montrait.

4. Il me montra et il écrivit tout pour moi ; il écrivit encore pour moi leurs noms, leurs lois et leurs groupements.

Chapitre XXXIV – Les portes et les vents du nord

1. De là, j'allai vers le nord, aux extrémités de la terre, et là je vis une grande et magnifique disposition aux confins de toute la terre.

2. Là, je vis trois portes du ciel ouvertes dans le ciel ; de chacune d'elles sortent les vents du nord ; lorsqu'ils soufflent, c'est du froid, de la grêle, du givre, de la neige, de la rosée et de la pluie.

3. Par une porte, ils soufflent pour le bien, mais, lorsqu'ils soufflent par les deux autres portes, c'est avec violence et désolation sur la terre, et c'est avec force qu'ils soufflent.

Chapitre XXXV – Les portes et les issues de l'ouest

De là j'allai vers l'ouest, aux extrémités de la terre, et je vis là trois portes du ciel ouvertes, comme j'avais vu à l'est autant de portes et autant d'issues.

Chapitre XXXVI – Les portes du midi
et de l'orient

1. De là, j'allai vers le sud aux extrémités de la terre, et là je vis trois portes du ciel ouvertes, d'où sortent le vent du sud, la rosée, la pluie et le vent.

2. Et de là, j'allai vers l'orient aux extrémités du ciel, et là je vis trois portes du ciel ouvertes vers l'orient, et au-dessus d'elles de petites portes.

3. Par chacune de ces petites portes passent les étoiles du ciel, et elles se rendent à l'ouest par le chemin qui leur a été tracé.

4. En contemplant (ce spectacle), j'ai béni en tout temps le Seigneur de gloire et je continuerai à le bénir, lui qui accomplit de grands et magnifiques prodiges pour montrer la grandeur de son œuvre à ses anges, aux esprits et aux hommes afin qu'ils louent son œuvre, sa création tout entière, afin qu'ils contemplent l'œuvre de sa puissance, qu'ils louent l'œuvre grandiose de ses mains, et qu'ils le bénissent pendant toute l'éternité.

DEUXIÈME PARTIE :
LIVRE DES PARABOLES

Chapitre XXXVII – Seconde vision d'Hénoch : trois paraboles lui sont révélées

1. Seconde vision qu'il vit ; vision de sagesse que vit Hénoch, fils de Jared, fils de Malaleel, fils de Kaïnan, fils d'Enos, fils de Seth, fils d'Adam.

2. Et voici le commencement de la parole de sagesse que j'ai prononcée pour dire à ceux qui habitent sur l'aride : « Écoutez, ô anciens, et voyez, hommes de l'avenir, la parole sainte que je vais dire en présence du Seigneur des esprits.

3. C'est aux anciens qu'il vaudrait mieux la dire ; mais, même aux hommes de l'avenir, nous ne refuserons pas le commencement de la sagesse.

4. Jusqu'à présent, il n'a certes pas été donné, par le Seigneur des esprits, de sagesse (comparable celle que j'ai reçue, selon mon intelligence, selon le bon plaisir du Seigneur des esprits, par qui m'a été donnée la part de vie éternelle.

5. Or trois paraboles m'ont été (communiquées), et moi j'ai élevé (la voix) en disant à ceux qui habitent sur l'aride :

Chapitre XXXVIII — Première parabole : sort funeste des pêcheurs au jour du jugement

1. Première parabole. Lorsque apparaîtra l'assemblée des justes, et que les pêcheurs seront jugés pour leurs péchés, et qu'ils seront chassés de la face de l'aride ; et lorsque la justice se manifestera à la face des justes élus, dont l'œuvre est en dépendance du Seigneur des esprits ; et lorsque apparaîtra la lumière aux justes et aux élus qui habitent sur l'aride, où sera l'habitation des pécheurs, où sera le lieu de repos de ceux qui ont renié le Seigneur des esprits ? Il eût mieux valu pour eux qu'ils ne fussent pas nés.

2. Lorsque les secrets des justes seront révélés, (alors) les pécheurs seront jugés, et les impies seront chassés de la face des justes et des élus.

3. Désormais, ils ne seront ni forts ni élevés, ceux qui possèdent la terre, et ils ne pourront pas regarder la face des saints, car c'est la lumière du Seigneur des esprits qui a apparu sur la face des saints, des justes et des élus.

4. Les rois[53] et les puissants, en ce temps-là, périront et seront livrés aux mains des justes et des saints.

5. Et désormais personne ne demandera miséricorde pour eux au Seigneur des esprits, car leur vie aura été consommée.

Chapitre XXXIX – Le séjour des justes et de l'Élu de justice

1. [En ces jours, les enfants des élus et des saints descendront du haut du ciel, et une sera leur race avec les enfants des hommes.

2. Et dans ces jours, Hénoch reçut des livres d'indignation et de colère, et des livres de tremblement et de commotion]. Et il n'y aura pas de miséricorde pour eux, dit le Seigneur des esprits.

---

[53] Les rois sont sans doute les derniers princes de la dynastie asmonéenne qui versèrent abondamment, surtout Alexandre Jannée, le sang des « justes » c'est-à-dire des Pharisiens.

3. En ce temps, un tourbillon de vent m'arracha de la face de la terre et me déposa à l'extrémité des cieux.

4. Et là je vis une autre vision : les habitations des saints, et les lits de repos des justes.

5. Là, mes yeux virent leurs habitations au milieu des anges de sa justice, et leurs lits de repos au milieu des saints ; ils demandent, ils intercèdent et ils prient pour les enfants des hommes ; et la justice coule comme de l'eau devant eux, et la miséricorde, comme de la rosée sur la terre ; ainsi en sera-t-il parmi eux, jusque dans les siècles des siècles.

6. Et dans ce lieu, mes yeux virent l'Élu de justice et de fidélité ; et la justice règne dans ses jours, et les justes et les élus sont innombrables devant lui, pour les siècles des siècles.

7. Je vis son habitation sous les ailes du Seigneur des esprits ; tous les justes et les élus brillent devant lui comme l'éclat du feu ; leur bouche est remplie de bénédiction, et leurs lèvres glorifient le nom du Seigneur des esprits ; et la justice devant lui ne passe pas, et la vérité ne passe pas devant lui.

8. C'est là que je voulais demeurer, et mon âme désirait ce séjour ; c'est là que fut d'abord ma part, car ainsi il a été statué pour moi devant le Seigneur des esprits.

9. En ces jours, j'ai loué et j'ai exalté le nom du Seigneur des esprits, avec bénédiction et louange, car il m'a confirmé en bénédiction et en gloire, selon le bon plaisir du Seigneur des esprits.

10. Et longtemps mes yeux ont regardé cet endroit, et je l'ai béni et je l'ai glorifié en disant :

« Béni il est, et béni soit-il depuis le commencement jusqu'à l'éternité. »

11. Et devant lui, il n'y a point de fin ; avant que le monde ne soit créé, il sait ce qu'il est, ainsi que ce qui aura lieu de génération en génération.

12. Ils te bénissent, ceux qui ne dorment pas ; ils se tiennent devant ta gloire, et ils bénissent, ils glorifient et ils exaltent en disant : « Saint, saint, saint, le Seigneur des esprits ; il remplit la terre d'esprits. »

13. Et mes yeux virent tous ceux qui ne dorment pas, se tenir devant lui et (le) bénir et dire : « Béni sois-tu ; et béni soit le nom du Seigneur pour les siècles des siècles ! »

14. Et mon visage fut transformé, de sorte que je ne pouvais plus regarder.

Chapitre XL – Les quatre archanges Michaël, Raphaël, Gabriel et Phanuel

1. Et après cela, je vis des milliers de milliers et des myriades de myriades, innombrables et sans supputation (possible), qui se tiennent devant le Seigneur des esprits.

2. Puis je regardai et je vis, aux quatre côtés du Seigneur des esprits, quatre visages différents de ceux qui ne dorment pas, et j'appris leurs noms que me fit connaître l'ange qui marchait avec moi et me faisait voir tous les secrets.

3. Et j'entendis les voix de ces quatre visages, tandis qu'ils chantaient des louanges en présence du Seigneur de gloire.

4. La première voix[54] bénit le Seigneur des esprits pour les siècles des siècles.

---

[54] Le premier est Michaël, dont le rôle est de bénir le Seigneur, comme l'indique son nom : Quis ut Deus.

5. Et j'entendis la seconde voix[55] bénir l'Élu[56] et les élus qui dépendent du Seigneur des esprits.

6. Et j'entendis la troisième voix[57] demander et prier pour ceux qui habitent sur l'aride ; et elle suppliait au nom du Seigneur des esprits.

7. Et j'entendis la quatrième voix[58] chasser les satans, et elle ne leur permettait pas d'arriver auprès du Seigneur des esprits pour accuser ceux qui habitent sur l'aride.

8. Après cela, je demandai à l'ange de paix qui marchait avec moi et me montrait tout ce qui est caché : « Quels sont ces quatre visages, que j'ai vus et dont j'ai entendu et écrit la parole ? »

9. Et il me dit : « Le premier est le miséricordieux et très patient Michaël ; le second, qui est préposé à toutes les maladies et à toutes les blessures des enfants des hommes, est Raphaël ; le troisième, qui est préposé à toute force, est Gabriel ; et le quatrième, qui préside au repentir, pour l'espoir de ceux qui hériteront la vie éternelle, son nom est Phanuel[59]. »

---

[55] Le second est Raphaël. Il a ici une autre fonction que celle qui lui est assignée au § 9.

[56] L'Élu, c'est-à-dire le Messie. Cf. Isaïe, XLII, I ; Luc, XXIII, 35.

[57] Le troisième est Gabriel.

[58] Le quatrième est Phanuel.

[59] Ce verset assigne aux quatre archanges des fonctions différentes de celles qu'ils ont dans la première partie du chapitre. Sauf Michaël, les autres remplissent ici le rôle qui convient à leur nom : Raphaël, « Dieu a guéri, » rend la santé aux malades.   — Gabriel, « le fort de Dieu, » est l'ange de la force ; Phanuel est celui du repentir, car son nom paraît signifier : « Tournez-vous vers Dieu. » Cet ange n'est nommé que dans le livre des Paraboles. Dans un autre passage du Livre d'Hénoch, qui contient l'énumération des quatre archanges, il est remplacé par Uriel : « Michaël, Uriel, Raphaël et Gabriel ». Uriel n'a d'ailleurs pas les mêmes attributions que Phanuel. Cf. XX, 2 ; LXXV, 3.

10. Ce sont là les quatre anges du Seigneur des esprits, et les quatre voix que j'ai entendues en ces jours.

Chapitre XLI – Le séjour des élus. Les secrets des éléments, du soleil et de la lune

1. Ensuite, je vis tous les secrets des cieux, et comment le royaume sera partagé, et comment les actions des hommes seront pesées dans la balance.

2. Là, je vis le séjour des élus et le séjour des saints, et mes yeux virent là tous les pécheurs, qui renient le nom du Seigneur des esprits, chassés de ce lieu, emmenés captifs, et ne pouvant plus subsister à cause du châtiment qui vient du Seigneur des esprits.

3. Et là mes yeux virent les secrets des éclairs et du tonnerre, et les secrets des vents, — comment ils sont distribués pour souffler sur la terre —, et les secrets des nuages et de la rosée ; et là je vis d'où ils sortent, en ce lieu même, et d'où est saturée (d'humidité) la poussière de la terre.

4. Là, je vis des réservoirs fermés, d'où les vents sont distribués ; le réservoir de la grêle et du vent, le réservoir de la nuée et des nuages, — et son nuage (de ce réservoir) plane sur la terre depuis le commencement du monde.

5. Je vis les réservoirs du soleil et de la lune, d'où (ces astres) sortent, et où ils reviennent, et leur retour est glorieux ; et comment l'un est plus beau que l'autre, et (comment) leur course est magnifique ; (et je vis) comment ils ne s'écartent pas de leur route, et ils n'ajoutent ni ne retranchent rien à leur parcours, mais restent l'un à l'autre fidèles, dans le serment qu'ils se sont fait.

6. Le soleil sort d'abord, et il suit sa voie par l'ordre du Seigneur des esprits ; et son nom restera dans les siècles des siècles.

7. Ensuite, vient le chemin caché puis découvert de la lune ; elle accomplit le parcours de sa voie dans ce lieu même, pendant le jour et pendant la nuit ; et l'un est à l'opposé de l'autre en présence du Seigneur des esprits ; et ils rendent grâces et ils louent sans se reposer, car pour eux l'action de grâces est un repos.

8. Le soleil accomplit en effet de nombreuses révolutions, soit pour bénir, soit pour maudire et le parcours du chemin de la lune est lumière pour les justes, et ténèbres pour les pécheurs, au nom du Seigneur qui a séparé la lumière des ténèbres, qui a partagé les esprits des hommes, et a affermi les esprits des justes au nom de sa justice.

9. Car aucun ange ne les arrête (les pécheurs) et (aucune) puissance ne les peut retenir, car le juge les voit tous, et il les juge tous devant lui (Dieu).

Chapitre XLII – Le séjour de la sagesse et celui de l'injustice

1. La sagesse n'a pas trouvé de lieu où elle pût habiter, aussi sa demeure est dans les cieux.

2. La sagesse est sortie pour habiter parmi les enfants des hommes, et elle n'a pas trouvé d'habitation ; la sagesse est revenue en son séjour et s'est fixée au milieu des anges.

3. Et l'injustice est sortie de ses repaires ; elle a trouvé ceux qu'elle ne cherchait pas et elle a habité parmi eux, comme la pluie dans le désert, et comme la rosée sur une terre altérée.

Chapitre XLIII – Les révolutions des étoiles ; leur signification symbolique

1. Puis je vis d'autres éclairs et les étoiles du ciel, et je vis comment il les appelle par leurs noms ; et comment) elles l'écoutent.

2. Et je vis la balance de justice. Comment elles (y) sont pesées selon leur lumière, selon la largeur de leurs espaces et le jour de leur apparition ; leur révolution engendre l'éclair ; et (je vis) leur révolution selon le nombre des anges, et (comment) elles se gardent fidélité entre elles.

3. Je demandai à l'ange qui marchait avec moi, et qui me montrait ce qui est caché : « Qui sont ceux-ci ? »

4. Et il me dit : « Le Seigneur des esprits t'a montré leur parabole : ce sont les noms des saints qui habitent sur l'aride et croient au nom du Seigneur des esprits pour les siècles des siècles. »

Chapitre XLIV – Les étoiles qui se transforment en éclairs

Je vis encore d'autres choses au sujet des éclairs, comment certaines étoiles surgissent, deviennent des éclairs et ne peuvent plus abandonner leur (nouvelle) forme.

Chapitre XLV – Seconde parabole le sort des renégats ; la transformation des cieux et de la terre

1. Voici la seconde parabole sur ceux qui renient le nom du séjour des saints, ainsi que le Seigneur des esprits.

2. Ils ne monteront pas au ciel et ils n'atteindront pas la terre : tel sera le lot des pécheurs qui ont renié le nom du Seigneur des esprits, et qui, ainsi, sont réservés pour le jour de l'affliction et de l'infortune.

3. En ce jour, mon Élu siégera sur un trône de gloire, et il choisira parmi leurs actions (des hommes), et leurs lieux de repos seront innombrables ; et leur âme s'affermira au dedans d'eux, lorsqu'ils verront mes élus et ceux qui ont eu recours à mon nom glorieux

4. En ce jour, je ferai habiter mon Élu au milieu d'eux, et je transformerai le ciel, et je le ferai bénédiction et lumière pour l'éternité.

5. Et je transformerai l'aride et je la ferai bénédiction et j'y ferai habiter mes élus, mais ceux qui ont commis le péché et le crime ne la fouleront pas.

6. Car moi, j'ai vu et j'ai rassasié de paix mes justes, et je les ai fait habiter devant moi ; mais le jugement des pécheurs s'est approché de moi afin que je les fasse disparaître de la face de la terre.

Chapitre XLVI – La « Tête des jours »
et le Fils de l'homme

1. Là je vis quelqu'un qui avait une « tête de jours », et sa tête était comme de la laine blanche ; et avec lui un autre dont la figure avait l'apparence d'un homme, et sa figure était pleine de grâce, comme un des anges saints.

2. J'interrogeai l'ange qui marchait avec moi, et qui me faisait connaître tous les secrets au sujet de ce Fils de l'homme : « Qui est-il, et d'où vient-il ? pourquoi marche-t-il avec la Tête des jours ? »

3. Il me répondit et me dit : « C'est le Fils de l'homme, qui possède la justice et avec lequel la justice habite, qui révélera tous les trésors des secrets, parce que le Seigneur des esprits l'a choisi, et son sort a vaincu par le droit devant le Seigneur des esprits pour l'éternité.

4. Le Fils de l'homme que tu as vu fera lever les rois et les puissants de leurs couches, et les forts de leurs sièges ; et il rompra les freins des forts, et il brisera les dents des pécheurs, et il renversera les rois de leurs trônes, et de leur pouvoir, parce qu'ils ne l'ont pas exalté et qu'ils ne l'ont pas glorifié et qu'ils n'ont pas confessé humblement d'où leur avait été donnée la royauté.

5. Il renversera la face des forts, et il les remplira de honte : les ténèbres seront leur demeure et les vers seront leur couche, et ils ne pourront pas espérer se soulever de leur couche parce qu'ils n'ont pas exalté le nom du Seigneur des esprits.

6. Ce sont ceux qui jugent les étoiles du ciel et qui lèvent leurs mains contre le Très-Haut, qui foulent l'aride et habitent sur elle, et dont toutes les œuvres manifestent l'injustice [et toutes leurs œuvres sont injustice] ; leur puissance réside dans leur richesse, et leur confiance (va) aux dieux qu'ils ont faits de leurs mains ; ils renient le nom du Seigneur des esprits ; et ils persécutent ses assemblées, et les fidèles qui sont attachés au nom du Seigneur des esprits. »

Chapitre XLVII – Le sang des justes crie vengeance Joie des saints à l'approche de cette vengeance

1. Et, dans ces jours, la prière des justes et le sang du juste monteront de la terre devant le Seigneur des esprits.

2. En ces jours, les saints qui habitent au haut des cieux s'uniront en une seule voix, et ils supplieront, prie-

ront, glorifieront, remercieront et béniront le nom du Seigneur des esprits au sujet du sang des justes qui a été versé, et de la prière des justes, afin qu'elle ne soit pas vaine devant le Seigneur des esprits, mais que justice leur soit faite, et que leur attente ne soit pas éternelle.

3. En ce temps, je vis la « Tête des jours », tandis qu'il siégeait sur le trône de sa gloire, et les livres des vivants furent ouverts devant lui, et toute son armée, qui habite au haut des cieux, et sa cour se tenaient debout en sa présence.

4. Et le cœur des saints fut rempli de joie parce que le nombre de la justice est proche (du terme fixé), la prière des justes a été exaucée, et le sang du juste a été vengé devant le Seigneur des esprits.

Chapitre XLVIII – La source de justice. Le Fils de l'homme, lumière et espoir des peuples. Châtiment des rois et des puissants

1. Dans ce lieu, je vis la source de justice, qui est iné-puisable ; et tout autour il y avait beaucoup de fontaines de sagesse et tous les altérés y buvaient et étaient remplis de sagesse, et ils avaient leurs habitations avec les justes, les saints et les élus.

2. Et à ce moment, ce Fils de l'homme fut nommé auprès du Seigneur des esprits, et son nom (fut nommé) devant la « Tête des jours ». Et avant que le soleil et les signes fussent créés, avant que les étoiles du ciel fussent faites, son nom fut nommé devant le Seigneur des esprits.

4. Il sera un bâton pour les justes, afin qu'ils puissent s'appuyer sur lui et ne pas tomber ; il sera la lumière des peuples, et il sera l'espérance de ceux qui souffrent dans leur cœur.

5. Tous ceux qui habitent sur l'aride se prosterneront et l'adoreront et ils béniront et ils glorifieront et ils chanteront le Seigneur des esprits.

6. Et c'est pour cela qu'il a été élu et caché devant lui (le Seigneur) avant la création du monde, et pour l'éternité.

7. La sagesse du Seigneur des esprits l'a révélé aux saints et aux justes, car il a conservé la part des justes parce qu'ils ont haï et méprisé ce monde d'injustice et qu'ils en ont haï toute l'œuvre et les voies au nom du Seigneur des esprits, car c'est par son nom qu'ils seront sauvés, et il est le vengeur de leur vie.

8. Dans ces jours, les rois de la terre et les puissants qui possèdent l'aride auront le visage abattu à cause de l'œuvre de leurs mains, car au jour de leur angoisse et de leur affliction, ils ne se sauveront pas.

9. Je les livrerai aux mains de mes élus ; comme la paille dans le feu et comme le plomb dans l'eau, ainsi ils brûleront devant la face des saints, et ils seront submergés devant la face des justes ; on n'en trouvera plus trace.

10. Et au jour de leur affliction, il y aura du repos sur la terre devant eux (les justes) : ils tomberont et ne se relèveront plus, et il n'y aura personne pour leur tendre la main et les relever, parce qu'ils ont renié le Seigneur des esprits et son Messie. Que le nom du Seigneur des esprits soit béni !

Chapitre XLIX – Puissance et sagesse de l'Élu

1. Car devant lui la sagesse coule comme de l'eau et la gloire ne passe pas dans les siècles des siècles.

2. Parce qu'il est puissant dans tous les secrets de justice, l'injustice s'évanouira comme l'ombre et n'aura pas de refuge ; car l'Élu se tient debout devant le Seigneur des esprits, et sa gloire (demeure) pour les siècles des siècles, et sa puissance pour les générations des générations.

3. En lui habite l'esprit de sagesse, et l'esprit qui éclaire, et l'esprit de science et de force, et l'esprit de ceux qui se sont endormis dans la justice.

4. C'est lui qui juge les choses secrètes, et personne ne peut prononcer de paroles vaines devant lui, car il est l'Élu en présence du Seigneur des esprits, selon son bon plaisir.

Chapitre L – Gloire des justes et malheur des pécheurs au jour de l'Élu

1. En ces jours, il y aura un changement pour les saints et pour les élus, la lumière des jours habitera sur eux, et la gloire et l'honneur viendront vers les saints.

2. Au jour de l'affliction, lorsque le malheur sera amoncelé sur les pécheurs, les justes seront victorieux par le nom du Seigneur des esprits, et il montrera aux autres à faire pénitence et à renoncer à l'œuvre de leurs mains.

3. Ils n'auront aucun honneur par le nom du Seigneur des esprits, mais par son nom ils seront sauvés, et le Seigneur des esprits aura pitié d'eux, car sa miséricorde est grande.

4. Mais il est juste dans son jugement ; et en présence de sa gloire, dans son jugement, l'injustice ne pourra pas tenir ; celui qui ne fera pas pénitence devant lui, périra.

5. « Et désormais je ne leur ferai plus miséricorde, » dit le Seigneur des esprits.

Chapitre LI – L'Élu choisira les justes parmi les morts que la terre et le *scheol* rendront. Ces justes habiteront sur la terre

1.   En ces jours, la terre rendra son dépôt, et le *scheol* rendra ce qu'il a reçu, et les enfers rendront ce qu'ils doivent.

2.   Il (l'Élu) choisira parmi eux les justes et les saints, car il est proche le jour où ils seront sauvés.

3.   L'Élu, en ces jours, siégera sur mon trône, et tous les secrets de la sagesse sortiront des sentences de sa bouche, car le Seigneur des esprits l'a gratifié de ce don et l'a glorifié.

4.   En ces jours, les montagnes sauteront comme des béliers, et les collines bondiront comme des agneaux rassasiés de lait et tous (les justes) deviendront des anges dans le ciel.

5.   Leur visage brillera de joie, parce que, en ces jours, l'Élu se lèvera et la terre se réjouira, et les justes l'habiteront, et les élus marcheront et se promèneront sur elle.

Chapitre LII – Les montagnes de métaux fondront devant l'Élu

1. Après ces jours, dans ce lieu où j'avais vu toutes les visions de ce qui est caché, — car j'avais été emporté par un tourbillon de vent, et emmené vers l'ouest, là même, mes yeux virent tous les secrets des cieux qui doivent arriver, une montagne de fer, une montagne de cuivre, une montagne d'argent, une montagne d'or, une montagne d'étain et une montagne de plomb.

2. Et j'interrogeai l'ange, qui marchait avec moi, en disant : « Quelles sont ces choses que j'ai vues dans le secret ? »

3. Il me dit : « Tout ce que tu as vu servira au pouvoir de son Messie pour qu'il soit fort et puissant sur la terre. »

4. Puis cet ange de paix, prenant la parole, me dit : « Attends un peu, et ils te seront révélés tous les mystères qui entourent le Seigneur des esprits.

5. Ces montagnes que tes yeux ont vues, la montagne de fer, la montagne de cuivre, la montagne d'argent, la montagne d'or, la montagne d'étain et la montagne de plomb, elles seront toutes devant l'Élu comme la cire devant le feu et comme l'eau qui tombe d'en haut sur ces montagnes, et elles s'amolliront à ses pieds.

6. Et en ces jours, on ne sera sauvé ni par l'or ni par l'argent, et on ne pourra pas fuir.

7. Il n'y aura ni fer pour la guerre, ni étoffe pour la cuirasse de la poitrine ; le bronze sera inutile, l'étain ne servira de rien et ne sera pas estimé, et le plomb ne sera pas recherché.

8. Toutes ces choses seront détruites et anéanties sur la face de la terre, lorsque apparaîtra l'Élu devant la face du Seigneur des esprits. »

Chapitre LIII – La vallée sans fond. Les anges du châtiment préparent les instruments de Satan. La maison de l'assemblée de l'Élu

1. Et là mes yeux virent une vallée profonde avec de larges bouches ; et tous ceux qui habitent l'aride, la mer et les îles, lui apportent des présents, des dons et des offrandes, mais cette profonde vallée ne se remplit pas.

2. Leurs mains commettent le crime, et tout ce que (les justes) produisent avec peine les pécheurs le dévorent criminellement ; aussi les pécheurs périront devant la face du Seigneur des esprits, et de la face de sa terre, ils seront chassés sans cesse pour les siècles des siècles.

3. Car je vis tous les anges du châtiment s'établir et préparer tous les instruments de Satan.

4. Et j'interrogeai l'ange de paix qui marchait avec moi : « Ces instruments, pour qui les préparent-ils ? »

5. Et il me dit : « Ces (instruments), ils les préparent pour les rois et les puissants de cette terre, afin que par eux ils périssent,

6. « Après cela, le Juste et l'Élu fera apparaître la maison de son assemblée ; désormais (les justes) n'(en) seront plus repoussés grâce au nom du Seigneur des esprits.

7. Ces montagnes ne seront plus en présence de sa justice, comme la terre ; et les collines deviendront comme une fontaine d'eau, et les justes se reposeront de l'oppression des pécheurs. »

Chapitre LIV – La vallée de feu.
Les instruments du supplice des mauvais anges.
Le fléau de Dieu (déluge)

1. Et je regardai, et je me tournai vers un autre côté de la terre, et je vis là une vallée profonde où un feu flambait.

2. Et on amena les rois et les puissants et on les jeta dans cette vallée profonde.

3. Là mes yeux virent fabriquer leurs instruments de supplice, des chaînes de fer qu'on ne pourrait peser.

4. Et j'interrogeai l'ange de paix qui marchait avec moi, en disant : « Ces chaînes de torture, pour qui sont-elles préparées ? »

5. Il me dit : «Ces chaînes sont préparées pour les troupes d'Azazel afin de les prendre et de les jeter dans l'abîme de toute damnation, et de couvrir leurs mâchoires de pierres raboteuses, selon que l'a ordonné le Seigneur des esprits.

6. Puis Michaël, Gabriel, Raphaël et Phanuel les saisiront en ce grand jour, et les jetteront, ce jour-là, dans la fournaise ardente, afin que le Seigneur des esprits les châtie de leur iniquité, car ils se sont fait les serviteurs de Satan, et ils ont entraîné au péché ceux qui habitent sur l'aride.

7. « Dans ces jours, viendra le fléau du Seigneur des esprits, et (ce fléau) ouvrira tous les réservoirs des eaux qui sont au-dessus des cieux, et des fontaines qui sont [sous les cieux] et sous la terre.

8. Toutes ces eaux se mélangeront, eaux avec eaux ; l'eau qui est au-dessus du ciel est du sexe masculin, et l'eau qui est sous la terre est du sexe féminin.

9. Et tous ceux qui habitent sur l'aride, et ceux qui habitent sous les extrémités du ciel seront anéantis.

10. C'est pourquoi ils reconnaîtront l'injustice qu'ils ont commise sur la terre, et par elle, ils périront.

Chapitre LV – Serment de la « Tête des jours ». L'arc-en-ciel placé comme un signe dans les cieux

1. Après cela, la « Tête des jours » se repentit et dit : « C'est inutilement que j'ai détruit tous ceux qui habitent sur l'aride. »

2. Et il jura par son grand nom : « Désormais je n'agirai plus ainsi à l'égard de tous ceux qui habitent sur l'aride ; je placerai un signe dans les cieux, et il sera un gage de fidélité entre moi et eux pour toujours, aussi longtemps que le ciel sera au-dessus de la terre.

3. « Et voici ce qui arrivera selon mon ordre : Si je veux les saisir par la main des anges, au jour de la tribulation et de la souffrance, auparavant je ferai reposer ma colère et mon châtiment sur eux, (oui) ma colère et mon châtiment, dit Dieu, le Seigneur des esprits.

4. Rois puissants qui habitez sur l'aride, vous verrez mon Élu s'asseoir sur le trône de gloire et juger Azazel et tous ses compagnons et toute son armée, au nom du Seigneur des esprits. »

Chapitre LVI – Les anges du châtiment jetteront leurs élus dans la crevasse de la vallée. Marche des rois des Parthes et des Mèdes contre la terre des élus de Dieu. Leur anéantissement dans le scheol

1. Je vis là les troupes des anges du châtiment, qui marchaient en tenant des fouets et des chaînes de fer et d'airain.

2. Et j'interrogeai l'ange de paix qui marchait avec moi, en disant : « Vers qui se rendent ceux qui tiennent les fouets ? »

3. Il me dit : « Vers leurs élus et leurs bien-aimés, afin que ceux-ci soient jetés dans la profonde crevasse de la vallée.

4. Alors, cette vallée sera remplie de leurs élus et (de leurs) bien-aimés, le temps de leur vie sera consommé, et le temps de leur égarement ne sera plus compté.

5. En ces jours, les anges reviendront et se jetteront vers l'orient, chez les Parthes et les Mèdes ; ils secoueront les rois, et un esprit de trouble les envahira (les rois) ; et ils les renverseront de leurs trônes et (ces rois) s'enfuiront comme des lions de leurs tanières et des hyènes affamées au milieu de leurs troupeaux.

6. Et ils monteront et ils fouleront la terre de ses élus (de Dieu), et la terre de ses élus sera devant eux une aire et un sentier battu.

7. Mais la ville de mes justes sera un obstacle pour leurs chevaux, et ils allumeront la guerre entre eux, et leur droite déploiera sa force contre eux ; l'homme ne connaîtra pas son frère, ni le fils son père et sa mère, jusqu'à ce que le nombre des cadavres soit (complet) par suite de leur mort, et que leur châtiment ne soit pas vain.

8. En ce temps, le *scheol* ouvrira sa gueule, ils y seront engloutis et leur destruction prendra fin (?) ; le *scheol* dévorera les pécheurs devant la face des élus. »

Chapitre LVII – Des chars montés par des hommes et portés sur les vents traversent le ciel

1. Et il arriva, après cela, que je vis une autre armée de chars, sur lesquels étaient montés des hommes ; et ils allaient, sur les vents, de l'orient et de l'occident jusqu'au midi.

2. On entendait le roulement de leurs chars, et lorsque ce tumulte se produisit, les saints s'en aperçurent du ciel, la colonne de la terre fut ébranlée de sa base et on l'entendit d'une extrémité du ciel à l'autre pendant un jour.

3. Et eux tous (les saints) se prosternèrent et adorèrent le Seigneur des esprits. Telle est la fin de la seconde parabole.

Chapitre LVIII – Troisième parabole
sur le bonheur des saints

1. Et je commençai à dire la troisième parabole relative aux justes et aux élus.

2. Heureux êtes-vous, ô justes et élus, car votre part est glorieuse.

3. Les justes seront dans la lumière du soleil, et les élus dans la lumière d'une vie éternelle et les jours de leur vie seront sans fin, les jours des saints seront sans nombre.

4. Ils chercheront la lumière et ils trouveront la justice auprès du Seigneur des esprits ; paix aux justes au nom du Seigneur du monde.

5. Après cela il sera dit aux saints dans le ciel de chercher les secrets de la justice, partage de la foi, car elle brille comme le soleil sur l'aride et les ténèbres ont disparu.

6. Et il y aura une lumière qui ne se peut évaluer, et ils n'entreront pas dans un nombre (limité) de jours, car auparavant les ténèbres auront été dissipées, la lumière aura été affermie devant le Seigneur des esprits, et la lumière de vérité aura été affermie pour toujours devant le Seigneur des esprits.

Chapitre LIX – Les éclairs, les luminaires
et le tonnerre

1. En ce temps-là, mes yeux virent les secrets des éclairs et des luminaires, et leur jugement (le jugement qu'ils exécutent) : ils éclairent pour bénir ou pour maudire selon le bon plaisir du Seigneur des esprits.

2. Là, je vis les secrets du tonnerre, lorsqu'il foudroie au haut du ciel et que sa voix se fait entendre, [et il me fit voir les habitations de l'aride], et la voix du tonnerre est (une voix) de paix et de bénédiction ou de malédiction, selon l'ordre du Seigneur des esprits.

3. Et après cela, tous les secrets des luminaires et des éclairs me furent montrés ils éclairent pour bénir et pour rassasier.

Chapitre LX – L'agitation du ciel, Béhémoth et Leviathan. Les éléments

1. En l'année cinq cent, dans le septième mois, le quatorze du mois, dans la vie de Noé, dans cette parabole, je vis que le ciel des cieux était secoué d'une grande secousse, et l'armée du Très-Haut, et les anges, par milliers de mille et myriades de myriades, étaient agités d'une grande agitation.

2. « La Tête des jours » sur le siège de sa gloire était assis, et les anges et les justes se tenaient debout autour de lui.

3. Et moi, un grand tremblement me prit, la crainte me saisit, mes reins s'ouvrirent, mes reins fondirent, et je tombai sur ma face.

4. Mais Michaël envoya un autre ange d'entre les saints : il me releva, et quand il m'eut relevé, mon esprit revint, car je ne pouvais pas supporter la vue de cette armée et de son agitation et des secousses du ciel.

5. Et Michaël me dit : Pourquoi la vision de ces choses te trouble-t-elle ? Jusqu'à ce jour a été le temps de sa miséricorde (de Dieu), et il a été miséricordieux et lent à la colère pour ceux qui habitent sur l'aride,

6. Mais quand viendra le jour, et la puissance, et le châtiment, et le jugement que le Seigneur des esprits a préparés pour ceux qui n'adorent pas le jugement de justice, pour ceux qui renient le jugement de justice et pour ceux qui prennent son nom en vain, et ce jour a été préparé, pacte pour les élus, mais inquisition pour les pécheurs, (alors il tuera les petits avec leur mère et les enfants avec leur père).

7. Or deux monstres ont été séparés en ce jour : un monstre femelle du nom de Léviathan, pour qu'il habite dans l'abîme des mers, au-dessus des sources des eaux ; et un mâle du nom de Beliémoth, qui occupe avec sa poitrine le désert immense du nom de Dendaïn, à l'orient du jardin où demeurent les élus et les justes, où il (Dieu) reçut mon grand-père, le septième depuis Adam, le premier homme qu'a fait le Seigneur des esprits.

8. Et j'interrogeai un autre ange pour qu'il me montrât la force de ces monstres, comment ils avaient été séparés en un seul jour, et jetés, l'un dans l'abîme de la mer, et l'autre dans la terre du désert.

9. Il me dit : « Toi, fils de l'homme, ici tu veux connaître ce qui est secret. »

10. Et un autre ange me parla, qui marchait avec moi et qui me faisait voir ce qui est caché, le commencement et la fin, dans le ciel en haut, et sous l'aride dans l'abîme, et aux extrémités du ciel, et dans les fondements du ciel ; et les réservoirs des vents, comment les vents sont divisés, comment ils sont pesés, et comment sont divisées et comptées les sources des vents selon la force du vent ; et la puissance de la lumière de la lune, et comment elle est une puissance de justice ; et les divisions des étoiles selon leur nom, et toute division qui est faite (parmi les étoiles) ; et le tonnerre dans les lieux où il tombe, et toute division qui est faite dans les éclairs, pour qu'ils luisent, et (dans ?) leur armée, pour qu'ils obéissent promptement.

11. Car le tonnerre a des pauses pour retenir sa voix (comme) il lui a été donné, et le tonnerre et l'éclair ne sont pas séparés en quoi que ce soit ; par l'esprit ils marchent tous les deux, et ils ne sont pas séparés.

12. Car lorsque l'éclair luit, le tonnerre donne de la voix, et l'esprit aussitôt l'apaise et partage également entre eux, car le réservoir de leurs temps est de sable, et chacun d'eux est retenu par un frein, et il est ramené par la force de l'esprit, et il est conduit ainsi selon la multitude des régions de la terre.

13. L'esprit de la mer est mâle et vigoureux, et, selon la force de sa vigueur, il la ramène avec un frein, et ainsi elle est chassée et dispersée sur toutes les montagnes de la terre.

14. L'esprit de la gelée est son ange à elle, et l'esprit de la grêle est un bon ange.

15. L'esprit de la neige la laisse (tomber) par sa propre force ; elle a un esprit spécial, ce qui monte d'elle est comme de la fumée, et son nom est fraîcheur.

16. L'esprit du brouillard ne leur est pas associé dans leurs réservoirs, mais il a un réservoir particulier, car sa route à lui est brillante (?) dans la lumière et dans l'obscurité, en hiver et en été, et dans son propre réservoir est un ange.

17. L'esprit de la rosée a son habitation aux extrémités du ciel et elle est contiguë aux réservoirs de la pluie ; sa propre course a lieu en hiver et en été, et son nuage à elle et le nuage du brouillard sont associés, et l'un donne à l'autre.

18. Quand l'esprit de la pluie se meut hors de son réservoir, les anges viennent, ouvrent le réservoir et la font sortir ; et quand elle se répand sur toute l'aride, elle s'unit à l'eau qui est sur l'aride, [et quand elle s'unit en tout temps à l'eau qui est sur l'aride].

19. Car les eaux sont pour ceux qui habitent sur l'aride, car elles sont pour l'aride un aliment (qui vient) du

Très-Haut qui est dans le ciel ; c'est pourquoi la pluie a une mesure, et les anges la reçoivent (?).

20. Je vis tout cela jusqu'au jardin des justes.

21. Et l'ange de paix qui était avec moi me dit : « Ces deux monstres, qui conviennent à la grandeur du Seigneur de l'Univers, sont nourris afin [que… ne vienne pas en vain le châtiment du Seigneur des esprits], et il (le châtiment) tuera les petits avec leur mère et les enfants avec leur père.

22. Lorsque le châtiment du Seigneur des esprits s'appesantira sur eux, il s'appesantira pour que le châtiment du Seigneur des esprits ne vienne pas en vain sur ceux-là. Ensuite aura lieu le jugement dans sa miséricorde et dans sa patience.

Chapitre LXI – Les anges vont mesurer le séjour des justes. Jugement des saints par l'Élu

1. Or je vis en ces jours : de longues cordes furent données à ces anges, et ils prirent des ailes et s'envolèrent, et ils allèrent du côté du nord.

2. Et j'interrogeai l'ange en lui disant : « Pourquoi ont-ils pris ces cordes et s'en sont-ils allés ? »

Il me dit : « Ils sont allés afin de mesurer. »

3. Et l'ange qui marchait avec moi me dit : « Ceux-ci (ces anges) apportent aux justes les mesures des justes et les cordeaux des justes, pour qu'ils s'appuient sur le nom du Seigneur des esprits pour les siècles des siècles.

4. Les élus commenceront à habiter avec les élus, et ces mesures sont celles qui seront données à la foi, et qui affermiront la justice.

5. Ces mesures révéleront tous les secrets de l'abîme de la terre, et ceux qui ont été détruits par le désert, et ceux qui ont été engloutis par les poissons de la mer et par les bêtes, afin qu'ils reviennent et qu'ils s'appuient sur le jour de l'Élu, car il n'y a rien qui périsse devant le Seigneur des esprits, et il n'y a rien qui puisse périr.

6. Et tous ceux qui sont au haut du ciel ont reçu un ordre, et un pouvoir, et une seule voix, et une seule lumière comme du feu.

7. Et lui (l'Élu ?) d'abord, de la voix (?), ils l'ont béni et exalté, ils l'ont loué avec sagesse, et ils ont été sages par la parole et par l'esprit de vie.

8. « Et le Seigneur des esprits a fait asseoir l'Élu sur un trône de gloire, il jugera toutes les œuvres des saints en haut du ciel, et leurs œuvres seront pesées dans la balance.

9. Quand il lèvera sa face pour juger leurs voies secrètes par la parole du nom du Seigneur des esprits et leur sentier par la voie du juste jugement du Seigneur des esprits, ils parleront tous d'une seule voix, et ils béniront et loueront et exalteront et proclameront saint le nom du Seigneur des esprits.

10. Et elle (le) proclamera toute l'armée des cieux, et tous les saints en haut, et l'armée du Seigneur de l'Univers, les Chérubins, les Séraphins, les Ophanim, tous les anges de puissance et tous les anges des principautés, et l'Élu, et les autres puissances qui sont sur l'aride et sur l'eau. »

11. En ce jour, ils élèveront la voix, et ils béniront, ils loueront et ils exalteront dans l'esprit de fidélité, dans l'esprit de sagesse, dans l'< esprit de > patience, dans l'esprit de miséricorde, dans l'esprit de justice et de paix et dans l'esprit de bonté, et ils diront tous d'une seule voix : « Béni est et béni soit le nom du Seigneur des esprits, à jamais et jusqu'à l'éternité. »

12. Ils le béniront, tous ceux qui ne dorment pas en haut du ciel ; ils le béniront, tous les saints qui sont dans le ciel, et tous les élus qui habitent dans le jardin de vie, et tout esprit de lumière qui pourra bénir et louer et exalter et proclamer saint ton nom béni, et toute chair qui louera et bénira au-delà de toutes (ses) forces ton nom pour les siècles des siècles.

13. Car grande est la miséricorde du Seigneur des esprits) et il est lent à la colère, et toutes ses œuvres et la mesure de ses œuvres, il les a révélées aux justes et aux élus, au nom du Seigneur des esprits.

Chapitre LXII – Jugement des rois et des puissants. Bonheur des justes

1. Ainsi ordonna le Seigneur aux rois, aux puissants et aux grands, et à ceux qui habitent la terre, et il dit : « Ouvrez les yeux et élevez vos cornes (pour voir) si vous pouvez reconnaître l'Élu. »

2. Et le Seigneur des esprits s'assit sur le trône de sa gloire, l'Esprit de justice se répandit sur lui (l'Élu), et la parole de sa bouche mit à mort tous les pécheurs, et tous les méchants furent détruits devant sa face.

3. En ce jour, tous les rois, et les puissants, et ceux qui possèdent la terre, se tiendront debout, et ils le verront et le reconnaîtront comme il siégera sur le trône de sa gloire ; la justice devant lui sera jugée, et de parole vaine, il n'y en aura pas qui soit prononcée devant lui.

4. Et la douleur viendra sur eux comme à une femme en travail, dont l'accouchement est laborieux, quand son enfant vient à l'ouverture du bassin, et qu'elle souffre pour enfanter.

5. La moitié d'entre eux regardera l'autre moitié, et ils seront terrifiés ; ils baisseront la face, et la douleur les saisira quand ils verront ce Fils de l'homme assis sur le trône de sa gloire.

6. Et les rois et les puissants et tous ceux qui possèdent la terre loueront, béniront et exalteront celui qui règne sur tout ce qui est secret.

7. Car devant lui est caché le Fils de l'homme, et le Très-Haut l'a gardé devant sa puissance, et l'a révélé aux élus.

8. Et la société des élus et des saints sera semée, et tous les élus se tiendront debout devant lui en ce jour.

9. Et tous les rois, et les puissants, et les grands, et ceux qui dominent l'aride, tomberont devant lui sur leur face, et ils adoreront, et ils espéreront en ce Fils de l'homme, et ils le supplieront et lui demanderont miséricorde.

10. Mais ce Seigneur des esprits les pressera pour qu'ils se hâtent de sortir de devant sa face, et il remplira de honte leur face, et les ténèbres s'accumuleront sur leur face.

11. Et il les livrera aux anges pour le châtiment, afin qu'ils les punissent, eux qui ont opprimé ses enfants et ses propres élus.

12. Et ils seront en spectacle aux justes et à ses élus ; ils se réjouiront à leur sujet, parce que la colère du Seigneur des esprits s'appesantit sur eux, et que son glaive s'enivre d'eux (c'est-à-dire de leur sang).

13. Mais les justes et les élus seront sauvés en ce jour, et ils ne verront plus désormais la face des pécheurs et des méchants.

14. Et le Seigneur des esprits demeurera sur eux, et avec ce Fils de l'homme ils mangeront, ils se coucheront et se lèveront pour les siècles des siècles.

15. Et les justes et les élus se lèveront de la terre, ils cesseront de baisser la face, et ils revêtiront des vêtements de gloire.

16. Et tels seront vos vêtements : des vêtements de vie de la part du Seigneur des esprits, et vos vêtements ne vieilliront pas, et votre gloire ne passera pas devant le Seigneur des esprits.

Chapitre LXIII – Les rois et les puissants supplient inutilement leur juge

1. En ces jours, les puissants et les rois qui possèdent l'aride supplieront les anges du châtiment à qui ils ont été livrés, de leur donner un peu de repos, afin qu'ils tombent devant le Seigneur des esprits et l'adorent, et pour qu'ils confessent leurs péchés devant lui.

2. Et ils béniront, et ils loueront le Seigneur des esprits, et ils diront : « Béni soit le Seigneur des esprits, le Seigneur des rois, le Seigneur des puissants, le Seigneur des riches, le Seigneur de gloire et le Seigneur de sagesse ; il éclaire tout ce qui est secret.

3. Ta puissance (demeure) pour les générations des générations, et ta gloire pour les siècles des siècles. Tous tes secrets sont profonds et sans nombre, et ta justice est incommensurable.

4. Maintenant nous reconnaissons que nous devons louer et bénir le Seigneur des rois, et celui qui règne sur tous les rois. »

5. Et ils diront : « Qui nous donnera du repos pour (te) glorifier, et (te) rendre grâces, et (te) confesser en présence de ta gloire.

6. Maintenant nous soupirons après un peu de repos, et nous n'en trouvons pas ; nous sommes chassés et nous ne possédons (rien) ; la lumière s'est évanouie devant nous, et les ténèbres sont notre demeure pour les siècles des siècles.

7. Car devant lui nous n'avons pas confessé et nous n'avons pas loué le nom du Seigneur des esprits, et nous n'avons pas loué notre Seigneur, mais notre espérance a été dans la verge de notre commandement et dans notre gloire. Aussi dans le jour de notre affliction et de notre tribulation, il ne nous a pas sauvés, et nous ne trouvons pas de repos pour confesser que notre Seigneur est fidèle en toutes ses œuvres, et (dans) son jugement, et (dans) sa justice, et que son jugement ne fait acception de personne.

8. Nous passons loin de sa face, cause de nos actions, et tous nos péchés ont été comptés avec justice. »

9. Puis ils leur diront (aux anges du châtiment) :

« Notre âme est rassasiée des biens de l'iniquité, mais ils ne nous empêchent pas de descendre de leur sein dans les souffrances du *scheol.* »

10. Et après cela leur face sera remplie d'obscurité et de confusion devant ce Fils de l'homme, et ils seront chassés de devant sa face, et le glaive demeurera devant sa face au milieu d'eux.

11. Ainsi dit le Seigneur des esprits : « Tel est le sort et le châtiment des puissants, et des rois, et des grands, et de ceux qui possèdent l'aride, devant le Seigneur des esprits. »

Chapitre LXIV – Lieu du châtiment
des mauvais anges

1. Puis je vis d'autres faces cachées en ce lieu.

2. J'entendis la voix d'un ange, disant : « Ceux-ci sont les anges qui descendirent sur la terre, et qui révélèrent aux enfants des hommes ce qui est secret, et qui apprirent aux enfants des hommes à commettre le péché. »

Chapitre LXV – Hénoch prédit à Noé le châtiment des autres hommes et sa préservation

1. En ces jours, Noé vit que la terre chancelait et que sa destruction était proche.

2. Et il partit de là et se rendit aux extrémités de la terre, et il cria à son grand-père Hénoch, et Noé dit trois fois d'une voix triste : « Écoute-moi, écoute-moi, écoute-moi. »

3. Et je lui dis : « Dis-moi qu'est-ce qui se passe sur la terre pour que la terre soit ainsi en travail et soit secouée ? Peut-être moi aussi périrai-je avec elle. »

4. Après cela, il y eut une grande secousse sur la terre, puis une voix se fit entendre du ciel, et je tombai sur ma face.

5. Et Hénoch mon grand-père vint, se tint près de moi et me dit : « Pourquoi as-tu poussé vers moi un cri de tristesse et des lamentations ? »

6. Puis un ordre sortit de devant la face du Seigneur au sujet de ceux qui habitent l'aride, afin que s'accomplisse leur ruine, car ils ont connu tous les secrets des anges, et toute la violence des satans, et tous leurs pouvoirs secrets, et tous les pouvoirs de ceux qui font des maléfices, et le pouvoir des sortilèges, et le pouvoir de ceux qui fondent les ouvrages en métal de toute la terre, et comment l'argent est produit par la poussière de la terre, et comment se fait le métal fondu sur la terre.

7. Car le plomb et l'étain ne sont pas produits par la terre comme le premier (l'argent) : c'est une source qui les produit, et un ange s'y tient, et cet ange est prééminent.

8. Après cela mon grand-père Hénoch me prit par la main, et il me releva et me dit : « Va, car j'ai interrogé le Seigneur des esprits au sujet de cette secousse sur la terre.

9. Et il m'a dit : « C'est à cause de leur iniquité que s'accomplit leur châtiment, et il ne sera pas tenu compte en ma présence des mois (dans) lesquels ils ont cherché à apprendre que la terre sera détruite avec ceux qui l'habitent.

10. Quant à ceux-ci (les anges), il n'y aura jamais de conversion pour eux, car ils leur ont montré (aux hommes) ce qui est secret, et ils sont ceux qui ont été condamnés. Mais quant à toi, mon fils, le Seigneur des esprits sait que tu es pur et indemne de ce reproche concernant les mystères.

11. Et il a affermi ton nom au milieu des saints, et il te préservera entre ceux qui habitent sur l'aride, et il affermira ta race dans la justice pour la royauté et pour de grands honneurs, et de ta race sortira une source de justes et de saints, et ils seront à jamais innombrables. »

Chapitre LXVI – Les anges du châtiment se préparent à délier les puissances de l'eau

1. Et après cela, il me montra les anges du châtiment, qui étaient prêts à venir délier toutes les puissances de l'eau qui est au-dessous de la terre, pour qu'elle serve au châtiment et à la destruction de tous ceux qui demeurent et habitent sur l'aride.

2. Et le Seigneur des esprits commanda aux anges qui sortaient de ne pas élever les mains, mais de veiller, car ces anges étaient (préposés) à la puissance des eaux.

3. Et je sortis de devant la face d'Hénoch.

Chapitre LXVII – Promesses de Dieu à Noé. Les fleuves de feu où sont châtiés les mauvais anges et où seront punis un jour les rois et les puissants

1. En ces jours, la parole du Seigneur de l'Univers me fut (adressée), et il me dit : « Noé, ton sort est monté près de moi, un sort dans lequel il n'y a pas de reproche, un sort d'amour et d'équité.

2. Et maintenant les anges vont travailler des bois, et quand les anges auront achevé cette (œuvre), j'étendrai ma main sur elle, et je la garderai, et la race de vie sortira d'elle, et il y aura un changement afin que la terre ne demeure pas vide.

3. Et j'affermirai ta race devant moi pour les siècles des siècles, mais je disperserai ceux qui habitent avec toi, je n'éprouverai pas (ta race) sur la face de l'aride, et elle sera bénie, et elle se multipliera devant l'aride au nom du Seigneur. »

4. Et il enfermera les anges qui ont montré l'iniquité, dans cette vallée brûlante que m'avait d'abord montrée mon grand-père Hénoch, à l'occident, auprès des montagnes d'or, d'argent, de fer, de métal fondu et d'étain.

5. Et je vis cette vallée où il y avait une grande perturbation, et une perturbation des eaux.

6. Et quand tout cela fut accompli, de ce « métal fondu » de feu, et de l'agitation qui les agitait (les eaux) en ce lieu, s'exhala une odeur de soufre, et elle se mêla avec ces eaux, et cette vallée où (étaient les anges qui avaient séduit les hommes) brûle au-dessous de cette terre.

7. Et de ses vallées sortent des fleuves de feu où sont châtiés ces anges qui ont séduit ceux qui habitent sur l'aride.

8. Ces eaux serviront en ces jours aux rois et aux puissants, et aux grands, et à ceux qui habitent sur l'aride, pour la guérison de la chair et pour le châtiment de l'esprit ; mais leur esprit est plein de volupté, de sorte que leur chair sera châtiée, parce qu'ils ont renié le Seigneur des esprits ; et ils voient leur châtiment de chaque jour sans confesser son nom.

9. Plus leur chair est brûlée avec intensité, plus il se produit de changement dans (leur) esprit pour les siècles des siècles, [car il n'y a personne devant le Seigneur des esprits qui préfère une parole vaine].

10. Car le jugement viendra sur eux, parce qu'ils croient à la volupté de leur chair, et qu'ils renient l'Esprit du Seigneur.

11. En ces jours, il y a dans ces mêmes eaux un changement, car lorsque ces anges sont châtiés dans ces eaux, la chaleur de ces sources d'eau est changée, et quand les anges montent, cette eau des sources est (encore) changée, et elle se refroidit.

12. Et j'entendis Michaël prendre la parole et dire : « Ce châtiment dont sont châtiés les anges, est un témoignage pour les rois et pour les puissants qui possèdent l'aride.

13. Car ces eaux de châtiment sont pour la guérison de la chair des rois et pour la volupté de leur chair, mais ils ne voient pas et ils ne croient pas que ces eaux seront changées et deviendront un feu brûlant à jamais. »

Chapitre LXVIII – Michaël et Raphaël s'étonnent de la sévérité du châtiment des anges

1. Après cela, mon grand-père Hénoch me donna l'explication de tous les secrets dans un livre, et (aussi) les paraboles qui lui avaient été données, et il les réunit pour moi dans les paroles du livre des paraboles.

2. Et ce jour-là, Michaël prit la parole pour dire à Raphaël : « La puissance de l'Esprit me transporte et m'irrite au sujet de la sévérité du châtiment des secrets, du châtiment < des anges > : quel est celui qui pourra supporter le châtiment rigoureux qui a été exercé, et devant lequel ils fondent ? »

3. Et Michaël prit de nouveau la parole et dit à Raphaël : « Quel est celui dont le cœur ne serait pas touché au sujet du châtiment et dont les reins ne seraient pas troublés par cette parole de châtiment (qui) a été proférée contre ceux d'entre eux qu'on a chassés ainsi ? »

4. Et il arriva, lorsque Michaël se tenait devant le Seigneur des esprits, qu'il dit à Raphaël : « Je ne serai pourtant pas pour eux aux yeux du Seigneur, car le Seigneur des esprits est irrité contre eux, parce qu'ils agissent comme s'ils étaient le Seigneur.

5. C'est pourquoi tout ce qui est secret viendra contre eux pour les siècles des siècles ; car ni ange, ni homme ne recevra sa part, mais eux seuls ont reçu leur châtiment pour les siècles des siècles. »

Chapitre LXIX – Les noms et les rôles des mauvais anges. Le serment mystérieux qu'ils ont révélé

1. Et après ce jugement on les épouvantera et on les exaspérera, parce qu'ils ont montré cela à ceux qui habitent sur l'aride.

2. Et voici les noms de ces anges[60], et tels sont leurs noms : le premier d'entre eux est Semyaza, le second Ars-

---

[60] Nous avons quatre listes de mauvais anges : l'une dans le texte éthiopien du ch. VI ; la deuxième dans le texte grec du même cha-

tiqifa, le troisième Armên, le quatrième Kôkabel, le cinquième Touriel, le sixième Rumyal, le septième Daniel, le huitième Neqel, le neuvième Baraqiel, le dixième Azazel, le onzième Armaros, le douzième Bataryal, le treizième Basasaël, le quatorzième Hananel, le quinzième Touriel, le seizième Simapisiel, le dix-septième Yetariel, le dix-huitième Tumaël, le dix-neuvième Tariel, le vingtième Rumaël, le vingt et unième Azazel.

3. Et ceux-ci sont les chefs de leurs anges, et les noms de leurs chefs de centaines, de leurs chefs de cinquantaines et de leurs chefs de dizaines.

4. Le nom du premier est Yeqon[61] : c'est celui qui séduisit tous les fils des anges et les fit descendre sur la terre, et il les séduisit par les filles des hommes.

5. Le nom du second est Asbeel[62] : celui-ci donna un mauvais conseil aux fils des anges [saints] ; il les entraîna à souiller leur chair avec les filles des hommes.

---

pitre conservé par le Syncelle, et la troisième dans LXIX, 2. Dillmann, dans son commentaire sur le VI, essaie de démontrer l'identité de ces trois listes. Reste la liste annoncée par le v. 3, et qui se prolonge dans les v. 4-12. Il est impossible de l'harmoniser avec celle du v. 2 et les deux autres ; elle contient cinq noms seulement, et celle du v. 2 en contient vingt et un. Les uns et les autres sont tout à fait différents, et les cinq ne peuvent être les chefs des vingt-et-un, car ils sont donnés au v. 3 pour des chefs de centaines, de cinquantaines et de dizaines ; or il n'y a ni centaines, ni cinquantaines dans vingt-et-un. D'ailleurs, les vingt et un sont identiques au fond à ceux du VI, qui sont précisément donnés pour des chefs de dizaines (VI, 8). Il faut donc admettre que l'interpolateur a juxtaposé ici deux listes, deux traditions différentes, sans chercher à les mettre d'accord.

[61] Yeqon, d'après Hoffmann, corruption de yaqum (imparf. de qôm) « le rebelle », celui qui se dresse en ennemi. — Dans VI, 3, c'est Semyaza qui pousse les anges à s'unir aux filles des hommes.

[62] Asbeel, pour Azbiel, d'après Hoffmann, Deum deserens. Il fait double emploi avec le précédent, puisqu'il donne le même conseil.

6. Le nom du troisième est Gadriel : c'est celui qui montra toutes les plaies de mort aux fils des hommes, c'est lui qui séduisit Ève[63], et c'est lui qui montra les plaies de mort aux fils des hommes, et le bouclier et la cuirasse et l'épée pour le combat, et tous les instruments de mort aux fils des hommes.

7. De sa main ils sont sortis contre ceux qui habitent sur l'aride, depuis ce jour et jusque dans les siècles des siècles.

8. Le nom du quatrième est Penemu'e[64] : celui-ci montra aux fils des hommes l'amer et le doux, et il leur montra tous les secrets de leur sagesse (des anges).

9. C'est lui qui apprit aux hommes à écrire avec l'eau de suie (l'encre) et le papyrus, et ils sont nombreux ceux qui ont erré[65] à cause de cela depuis l'éternité jusqu'à l'éternité et jusqu'à ce jour.

10. Car les hommes n'ont pas été mis au monde pour affirmer ainsi leur fidélité avec le calame et l'eau de suie[66].

11. Car les hommes n'ont pas été créés autrement que les anges, (mais) pour demeurer justes et purs, et la mort, qui corrompt tout, ne les aurait pas atteints ; mais à cause de cette connaissance qui est la leur, ils périssent, et à cause de cette puissance, elle (la mort) me dévore.

---

[63] Gadriel, pour 'Adriel, avec le même sens que Azbiel. Dans VIII, 1, c'est Azazel qui apprend aux hommes à fabriquer des armes. Mais on ne dit pas qu'il séduisit Ève.

[64] Penemu'e. Halévy, Journal asiat., p. 382, voit une relation entre le nom de cet ange et sa fonction. L'hébreu penîmî signifie, en effet, « ce qui est dans l'intérieur ». Il se peut aussi que ce nom soit altéré.

[65] L'auteur, dans son indignation contre les abus de l'écriture, va jusqu'à en condamner l'usage. Il la regarde comme une invention pernicieuse, puisqu'il l'attribue à l'intervention des mauvais anges. Sur l'abus des livres, cf. Ecclésiaste, XII, 11-12.

[66] Les hommes ne doivent pas avoir besoin d'un écrit pour attester leur fidélité et rappeler au besoin leurs engagements. Ils devraient avoir assez de bonne foi pour que leur parole suffise, et c'est ce qui avait lieu au début, avant la corruption des hommes par les anges.

12. Le nom du cinquième est Kasdeya'e[67] : c'est celui qui montra aux fils des hommes toutes les plaies mauvaises des esprits et des démons, et la plaie de l'embryon dans le sein pour qu'il tombe, et la plaie de la vie, la morsure du serpent et la plaie qui arrive à midi, le fils du serpent dont le nom est Taba'et.

13. Et ceci est le nombre de Kasbeel[68], qui montrait aux saints la tête du serment[69], quand il demeurait en haut dans la gloire, et son nom est Beqa.

14. Celui-ci (Kasbeel) demanda à Michaël de lui montrer le nom secret pour qu'il le mentionne dans le serment, pour que ceux qui ont montré aux fils des hommes tout ce qui est secret tremblent devant ce nom et ce serment.

15. Et voici la puissance de ce serment : il est fort et puissant, et il (Dieu) avait déposé ce serment, Aka'e, dans la main de Michaël[70].

16. Et voici les secrets de ce serment… et il est fort dans son serment. Et par lui le ciel fut suspendu avant que le monde fût créé, et jusqu'à l'éternité.

---

[67] Il est possible que Kasdeya'e soit une altération de Kazbiya, qui serait identique à Kasbeel du v. 13. Les deux noms signifieraient « infidèle à Jéhovah » et « infidèle à Dieu » (El).

[68] ET ceci est le nombre de Kasbeel. Kasbeel doit se lire probablement Kasbiel. Halévy propose de lire : « Telle est la fonction de Kasbeel. » Le texte hébreu original serait peqoudah, qui signifie à la fois « nombre » et « fonction ».

[69] Kasbeel se fit donc révéler ce nom par Michaël, sous prétexte de faire trembler avec lui les mauvais anges. Cette tête du serment, au nom ineffable, a une puissance presque sans limites, et il est impossible de ne pas rapprocher la description qu'en fait Hénoch du fameux passage des Proverbes (VIII) sur la Sagesse divine. Il est possible que nous ayons encore ici, dans ce serment, une trace des influences babyloniennes subies par notre auteur. Lorsque Tiamat charge Kingu d'aller combattre les dieux, elle l'investit de la toute-puissance en lui disant : « J'ai prononcé ta formule dans l'assemblée des dieux ; je t'ai fait grand. » (Création, tabl., I, lig. 133).

[70] Ce serment, Aka'e, c'est-à-dire dont le nom est Aka'e.

17. Et la terre a été fondée sur l'eau, et des secrètes (profondeurs) des montagnes viennent de belles eaux, depuis la création du monde jusqu'à l'éternité.

18. Et par ce serment, la mer a été créée, et pour son fondement, au temps de la colère, il lui a donné du sable, et elle ne franchit pas (ses limites) depuis la création du monde jusqu'à l'éternité.

19. Et par ce serment, les abîmes ont été affermis, et ils sont stables, et ils ne changent pas de place depuis l'éternité jusqu'à l'éternité.

20. Et par ce serment, le soleil et la lune accomplissent leur course, et ils ne transgressent pas leurs lois depuis l'éternité jusqu'à l'éternité.

21. Et par ce serment, les étoiles accomplissent leur course, et il les appelle par leur nom, et elles lui répondent depuis l'éternité jusqu'à l'éternité.

22. Et de même (il appelle) les esprits de l'eau, des vents et de tous les souffles, et leurs voies entre toutes les troupes des esprits.

23. [Et là sont gardées la voix du tonnerre et la lumière de l'éclair, et là sont gardés les réservoirs de la grêle, et les réservoirs de la gelée, et les réservoirs du brouillard, et les réservoirs de la pluie et de la rosée.]

24. Tous ceux-là sont fidèles et rendent grâces devant le Seigneur des esprits, et ils (le) louent de toutes leurs forces, et leur nourriture est dans toute action de grâces, et ils rendent grâces, et ils louent et excitent le nom du Seigneur des esprits pour les siècles des siècles.

25. Sur eux (les esprits), est affermi ce serment, ils sont gardés par lui ; leurs chemins sont gardés, et leurs voies ne se corrompront pas.

26. Et ils ont ressenti une grande joie, et ils ont béni, et loué, et exalté (le Seigneur) parce que leur avait été révélé le nom de ce Fils de l'homme.

27. Il s'est assis sur le trône de sa gloire, et la somme du jugement a été donnée au Fils de l'homme, et il éloignera et il détruira les pécheurs de devant la face de la terre et (aussi) ceux qui ont séduit le monde.

28. Ils seront attachés avec des chaînes, et dans le lieu où ils auront été réunis pour la destruction, ils seront enfermés, et toutes leurs œuvres disparaîtront de la face de la terre.

29. Et dès lors il n'y aura rien de corruptible, car ce Fils de l'homme a apparu et s'est assis sur le trône de sa gloire, et tout mal s'éloignera et s'en ira de devant sa face ; mais la parole de ce Fils de l'homme restera devant le Seigneur des esprits.

Telle est la troisième parabole d'Hénoch.

Chapitre LXX – Assomption d'Hénoch

1. Il arriva ensuite que son nom (d'Hénoch) fût élevé, de son vivant, auprès de ce Fils de l'homme et auprès du Seigneur des esprits, loin de ceux qui habitent sur l'aride.

2. Il fut élevé sur le char du vent, et le nom (d'Hénoch) disparut du milieu d'eux (de ceux qui habitent sur l'aride).

3. Depuis ce jour je ne fus plus compté au milieu d'eux, et il (Dieu) me fit asseoir entre deux régions, entre le nord et l'occident, là où les anges avaient pris des cordes afin de mesurer pour moi le séjour des élus et des justes.

4. Et là je vis les premiers pères et les saints qui depuis l'éternité demeurent en ce lieu.]

Chapitre LXXI – Hénoch est admis à contempler les secrets et les splendeurs des cieux. Promesses de la Tête des jours

1. Il arriva ensuite que mon âme fût cachée, et elle monta dans les cieux, et je vis les fils des anges saints marcher sur des flammes de feu ; leurs vêtements étaient blancs ainsi que leur tunique, et leur face resplendissante comme du cristal.

2. Et je vis deux fleuves de feu ; la lumière de ce feu brillait comme l'hyacinthe, et je tombai sur ma face devant le Seigneur des esprits.

3. L'ange Michaël, un des chefs des anges, me prit la main droite et il me releva et me conduisit là où sont tous les secrets, et il me montra tous les secrets de miséricorde, et il me montra tous les secrets de justice, et il me montra tous les secrets des extrémités du ciel, et tous les réservoirs des étoiles et de toutes les lumières, d'où elles se lèvent en présence des saints.

4. Et il cacha mon esprit, et moi, Hénoch, (je fus) dans le ciel des cieux, et je vis là au milieu de cette lumière, comme une maison qui était bâtie en blocs de glace, et parmi ces blocs (il y avait) des langues de feu vivant.

5. Et mon esprit vit un cercle qui entourait de feu cette maison, depuis ses quatre coins jusqu'à ces fleuves pleins de feu vivant qui entouraient cette maison.

6. Et (il y avait) autour d'elle les Séraphins et les Chérubins et les Ophanim ; ce sont ceux qui ne dorment pas et qui gardent le trône de sa gloire (du Seigneur).

7. Je vis des anges innombrables, des milliers de milliers et des myriades de myriades, entourer cette maison, et Michaël, et Raphaël, et Gabriel, et Phanuel, et les anges saints qui sont au haut des cieux entraient dans cette maison et en sortaient.

8. Ils sortirent donc de cette maison, Michaël, et Gabriel, et Raphaël, et Phanuel, et une multitude d'anges saints, innombrables.

9. Et avec eux (était) la Tête des jours ; sa Tête était blanche et pure comme la laine, ainsi que ses vêtements qui étaient indescriptibles.

10. Je tombai sur ma face, et tout mon corps fondit, et mon âme fut changée, et je criai à haute voix d'un souffle puissant, et je bénis, et je louai, et j'exaltai (le Seigneur).

11. Et ces bénédictions qui sortirent de ma bouche furent (trouvées) agréables devant cette Tête des jours.

12. Et cette Tête des jours vint avec Michaël et Gabriel, Raphaël et Phanuel, et des milliers et des myriades d'anges innombrables.

13. Et elle vint à moi, et elle me salua de la voix et me dit : « Toi, tu es le fils de l'homme qui a été engendré pour la justice, et la justice demeure sur toi, et la justice de la Tête des jours ne t'abandonnera pas. »

14. Et elle me dit : « Il (Dieu) appellera sur toi la paix au nom du siècle venir, car de là est sortie la paix depuis la création du monde, et ainsi elle, sera sur toi à jamais et pour les siècles des siècles.

15. Et toute (paix) marchera sur ta voie, tandis que la justice ne t'abandonnera jamais ; avec toi sera leur demeure et avec toi leur part, et de toi elles ne seront pas séparées, à jamais et pour les siècles des siècles.

16. Et il se passera ainsi de longs jours avec ce Fils de l'homme, et la paix sera aux justes, et la voie droite aux justes, au nom du Seigneur des esprits pour les siècles des siècles.]

TROISIÈME PARTIE : LIVRE DU CHANGEMENT DES LUMINAIRES DU CIEL

Chapitre LXXII – La loi du soleil

1. Livre du changement des luminaires du ciel, chacun comme ils sont, selon leurs genres, chacun selon leur puissance et selon leur temps, chacun selon leur nom et le lieu de leur naissance, et selon leurs mois ; que me fit voir Uriel, l'ange saint qui était avec moi, qui est leur guide ; et il me fit voir tout leur écrit comme il est, selon toutes les années du monde et jusqu'à l'éternité, jusqu'à ce que soit faite l'œuvre nouvelle qui restera jusqu'à l'éternité.

2. Voici la première loi des luminaires : le luminaire soleil : son lever est aux portes du ciel qui sont du côté de l'orient, et son coucher est aux portes du ciel qui sont à l'occident.

3. Et j'ai vu six portes qui sont là où le soleil se lève et six portes qui sont là où le soleil se couche, et la lune se lève et se couche par ces portes ainsi que les guides des étoiles avec ceux qui les conduisent. Il y a six (portes) à l'orient et six à l'occident, et toutes sont l'une après l'autre en bon ordre, et de nombreuses fenêtres sont à droite et à gauche de ces portes.

4. Le plus grand luminaire, dont le nom est soleil, se lève le premier, et son orbite est comme l'orbite du ciel, et il est tout rempli d'un feu qui éclaire et qui embrase.

5. Le vent souffle sur le char où il monte, et le soleil se couche (en disparaissant) du ciel et il revient vers le nord pour aller à l'orient, et il est conduit de manière à entrer par la porte (qui lui est assignée) et à briller (de nouveau) sur la face des cieux.

6. Ainsi, il se lève dans le premier mois par la grande porte ; et il se lève par la quatrième de ces six portes qui sont à l'orient.

7. À cette quatrième porte d'où sort le soleil, pendant le premier mois, sont douze fenêtres ouvertes, d'où sort une flamme quand elles s'ouvrent en leur temps.

8. Lorsque le soleil se lève dans le ciel, il sort par cette quatrième porte pendant trente matins, et par la quatrième porte à l'ouest du ciel, il descend régulièrement.

9. Et en ce temps, le jour est plus long que le jour (précédent), et la nuit est plus courte que la nuit (précédente) pendant trente matins.

10. En ce temps, il est plus long que la nuit de 29 de jour et le jour est exactement de dix parties (= neuvièmes), et la nuit est exactement de huit parties.

11. Et le soleil se lève par cette quatrième porte et il se couche par la quatrième, et il revient dans la cinquième porte à l'orient pendant trente matins, et il se lève par cette porte et il se couche dans la cinquième porte.

12. Et alors le jour est plus long de deux parties, et le jour est de onze parties ; la nuit est plus courte et elle est de sept parties.

13. Et il revient à l'orient et il entre dans la sixième porte, et il se lève et il se couche par la sixième porte pendant trente et un matins, à cause de son signe.

14. Et en ce temps, le jour est plus long que la nuit, et le jour est le double de la nuit, et le jour est de douze parties et la nuit est plus courte, et elle est de six parties.

15. Et le soleil s'élève de sorte que le jour devient plus court, et la nuit plus longue ; et le soleil revient à l'orient et il entre dans la sixième porte et, par elle, il se lève et il se couche pendant trente matins.

16. Et lorsque les trente matins sont accomplis, le jour diminue d'une partie exactement, et le jour est de onze parties et la nuit de sept parties.

17. Et le soleil sort de l'occident par cette sixième porte, et il va à l'orient, et il se lève par la cinquième porte pendant trente matins et il se couche à l'occident de nouveau par la cinquième porte de l'occident (*sic*).

18. À cette époque, le jour diminue de deux parties et le jour est de dix parties et la nuit de huit parties.

19. Et le soleil se lève par cette cinquième porte et il se couche par la cinquième porte de l'occident, et il se lève par la quatrième porte à cause de son signe, pendant trente et un matins, et il se couche à l'occident.

20. À cette époque, le jour est égal à la nuit et (lui) devient égal, et la nuit est de neuf parties, et le jour de neuf parties.

21. Et le soleil se lève par cette porte et il se couche à l'occident, et il revient à l'orient, et il se lève par la troisième porte pendant trente matins, et il se couche à l'occident par la troisième porte.

22. Et à cette époque, la nuit est plus longue que le jour, et la nuit est plus longue que la nuit (précédente), et le jour est plus court que le jour (précédent) jusqu'au trentième matin, et la nuit est de dix parties exactement, et le jour de huit parties.

23. Et le soleil se lève par cette troisième porte et il se couche par la troisième porte à l'occident et il revient à l'orient, et le soleil se lève par la deuxième porte, l'orient pendant trente matins, et de même, il se couche par la deuxième porte à l'occident du ciel.

24. Et à cette époque, la nuit est de onze parties, et le jour de sept parties.

25. Et le soleil se lève à cette époque par cette deuxième porte, et il se couche à l'occident par la deuxième porte, et il revient à l'orient par la première porte pendant trente et un matins, et il se couche par la première porte à l'occident du ciel.

26. Et en ce temps, la nuit devient plus longue et elle est de deux fois le jour, et la nuit est de douze parties exactement, et le jour de six parties.

27. Et le soleil a accompli (le parcours de) ses sections, et de nouveau il tourne sur ces sections et il entre dans toutes ses portes pendant trente matins, et il se couche à l'occident dans les régions correspondantes.

28. Et à cette époque la nuit diminue dans sa longueur d'un neuvième, [c'est-à-dire d'une partie,] et la nuit est de onze parties et le jour de sept parties.

29. Et le soleil est revenu et il est entré dans la deuxième porte à l'orient, et il revient sur ces sections ; pendant trente matins il se lève et il se couche.

30. Et en ce temps-là, la nuit diminue de longueur, et la nuit est de dix parties, et le jour est de huit parties.

31. En ce temps-là, le soleil se lève par cette deuxième porte et il se couche à l'occident et il revient à l'orient, et il se lève par la troisième porte pendant trente et un matins, et il se couche à l'occident du ciel.

32. Et en ce temps-là, la nuit diminue et elle est de neuf parties et le jour est de neuf parties, et la nuit est égale au jour et l'année est exactement de trois cent soixante-quatre jours.

33. La longueur du jour et de la nuit et la brièveté du jour et de la nuit sont différenciées (lit. séparées) par la course du soleil.

34. C'est pour cela que sa course est plus longue de jour en jour, et plus courte de nuit en nuit[71].

---

[71] D'après l'auteur, la durée du jour et celle de la nuit varient dans le cours de l'année entre huit et seize heures. Ces données vagues permettent de déterminer approximativement la région où fut composée cette partie du Livre d'Hénoch, qui peut n'être pas originale, mais avoir été empruntée par l'auteur à quelque ouvrage antérieur. Pour obtenir un jour de seize heures, y compris le crépuscule, il faut arriver

35. Et voilà la loi et la course du soleil et son retour, lorsque soixante fois il revient et il se lève, ce grand luminaire qui s'appelle le soleil pour les siècles des siècles[72].

36. Et ce qui se lève, c'est le grand luminaire ; et il est nommé selon sa propre apparence, comme l'a ordonné le Seigneur.

37. Comme il se lève, ainsi il se couche, et il ne diminue ni ne se repose, mais il court le jour et la nuit, et sa lumière brille sept fois plus que celle de la lune, mais les dimensions des deux sont égales.

Chapitre LXXIII – Première loi
de la Lune ses phases

1. Après cette loi, j'ai vu une seconde loi, (celle) du petit luminaire dont le nom est lune.

2. Son orbite est comme l'orbite du ciel, et le vent souffle sur le char sur lequel elle monte, et avec mesure, la lumière lui est donnée.

---

dans les environs du 41o de latitude, c'est-à-dire à peu près à la hauteur de Constantinople ; il faut certainement dépasser la latitude des lacs de Van et d'Urmish (38o env.). Il est donc à peu près certain que le système décrit dans ce chapitre n'a pu être composé ni en Palestine, ni en Égypte, où la durée du jour n'atteint jamais quinze heures. L'auteur considère quatre saisons qu'il fait, probablement par raison de symétrie, de quatre-vingt-onze jours chacune, d'où l'année solaire de trois cent soixante-quatre jours. D'autres passages du livre, comme XXVI, 2, sont au contraire très certainement d'origine juive, ce qui prouve le caractère hétérogène de ses éléments.

[72] Le soleil passe soixante jours ou deux mois par chacune des six portes ou plutôt par chaque groupe de deux portes, un mois à l'aller et un mois au retour. L'auteur oublie ici les quatre jours supplémentaires de la course du soleil ; tandis qu'il passe par la première, la troisième, la quatrième et la sixième portes, cette course dure en effet soixante et un jours au lieu de soixante ; ces quatre jours sont nécessaires pour obtenir l'année de trois cent soixante-quatre jours (v. 32).

3. Et pendant tout le mois, son lever et son coucher changent, et ses jours sont comme les jours du soleil, et lorsque sa lumière devient égale (c'est-à-dire complète), elle est la septième partie de la lumière du soleil.

4. Et ainsi elle se lève : sa Tête (son premier quartier) se lève du côté de l'orient le trentième jour, et à cette époque elle apparaît et elle est le principe du mois le troisième jour, avec le soleil, par la porte où se lève le soleil.

5. Et sa moitié est visible (?) sur un septième, et tout (le reste de) son disque est vide, sans lumière, sauf la septième partie (de la moitié), le quatorzième de (toute) sa lumière.

6. Et au temps où elle prend un septième et demi de sa lumière, sa lumière est la treizième partie et demie (du tout).

7. Elle se couche avec le soleil, et lorsque le soleil se lève, la lune se lève avec lui, et elle prend une demi-part de lumière, et en cette nuit, au commencement de son matin, au commencement du jour lunaire, la lune se couche avec le soleil et elle est dans l'obscurité pendant cette nuit dans treize parties et demie.

8. Et elle brille à cette époque d'un septième (de la moitié) exactement, et elle se lève et elle s'incline à l'orient du soleil, et elle brille pendant le reste de ses jours dans les treize (autres) parties.

Chapitre LXXIV – Seconde loi de la Lune : l'année lunaire

1. J'ai vu une seconde course et une (autre) loi : par cette loi, elle accomplit la course des mois.

2. Et tout cela me fit voir Uriel, l'ange saint qui est leur guide à tous, et j'ai décrit leur position comme il me l'a montré, et j'ai décrit leurs mois comme ils sont, et l'aspect de leur lumière jusqu'à ce que soit accompli le quinzième jour.

3. Par septièmes, elle accomplit toute sa lumière à l'orient ; et par septièmes, elle accomplit toute son obscurité à l'occident.

4. Et dans des mois déterminés, elle change son coucher ; et dans des mois déterminés, elle accomplit chacune de ses courses.

5. Pendant deux mois, elle se couche avec le soleil par ces deux portes qui sont au milieu, par la troisième et la quatrième porte.

6. Elle se lève pendant sept jours, et elle tourne et elle revient de nouveau par la porte par où se lève le soleil ; et (alors) elle accomplit toute sa lumière (pleine lune) ; puis elle s'éloigne du soleil, et elle entre pendant huit jours par la sixième porte où se lève le soleil.

7. Et lorsque le soleil se lève par la quatrième porte, elle se lève pendant sept jours (par la même porte) jusqu'à ce qu'elle se lève par la cinquième, et de nouveau elle revient pendant sept jours par la quatrième porte et elle accomplit toute sa lumière (pleine lune), et elle s'éloigne et elle entre par la première porte pendant huit jours.

8. Et de nouveau elle revient pendant sept jours par la quatrième porte par laquelle se lève le soleil.

9. Ainsi, j'ai vu leur position, comment les lunes se lèvent et le soleil se couche.

10. En ces jours, on additionne cinq années, et il y a trente jours d'excédent pour le soleil ; et tous les jours que compte une de ces cinq années, quand elles sont complètes, sont trois cent soixante-quatre jours.

11. Et vient l'excédent du soleil et des étoiles (qui est) de six jours ; pour cinq années, (ces) six arrivent à (faire) trente jours ; (le cours de) la lune est donc inférieur de trente jours à (celui) du soleil et des étoiles[73].

12. Et la lune amène toutes les années exactes selon leur position pour l'éternité ; elles n'avancent ni ne retardent d'un jour, mais elles (les lunes) changent l'année avec une rectitude absolue tous les trois cent soixante-quatre jours[74].

13. (Il y a donc) pour trois années (solaires) mille quatre-vingt-douze jours, et pour cinq ans mille huit cent vingt jours, en sorte qu'il y a pour huit ans deux mille neuf cent douze jours.

14a. Pour la lune seule, ses jours arrivent en trois années (lunaires) à mille soixante-deux jours, et en cinq ans elle est moindre de cinquante jours.

14b. [Car à sa sortie (= au total des jours de cinq ans) on ajoute < mille > soixante-deux jours.]

15. Et elle est pour cinq ans de dix-sept cent soixante-dix jours, de sorte qu'il y a pour la lune pendant huit ans deux mille huit cent trente-deux jours.

---

[73] Ces versets 10 et 11 ne semblent pas être la suite de ce qui précède. À cette place ils sont incompréhensibles, à moins qu'on ne lise trois cent soixante jours et non trois cent soixante-quatre ; car l'année lunaire, d'après LXXVIII, 15, 16, a trois cent cinquante-quatre jours, et trois cent cinquante-quatre plus six égale trois cent soixante. Il serait alors question d'une année solaire de trois cent soixante jours et de l'année lunaire de trois cent cinquante-quatre jours. Nous verrons cependant, par le verset 2 du chapitre suivant, que l'auteur proteste contre une théorie admise autour de lui, théorie d'après laquelle l'année solaire aurait trois cent soixante jours. En réalité, tantôt il fait entrer en ligne de compte et tantôt il oublie les quatre jours intercalaires de l'année solaire.

[74] L'auteur, si le traducteur grec ou éthiopien n'a pas travesti sa pensée, semble avoir adopté un système auquel il ne comprenait rien. Dans ce verset, il paraît dire que l'année lunaire est de trois cent soixante-quatre jours, tandis que plus loin il lui attribue trois cent cinquante-quatre jours seulement.

16. [Car il manque pour huit ans quatre-vingts jours] ; tous les jours qui manquent pour huit ans sont quatre-vingt[75].

17. Et l'année s'accomplit régulièrement selon la position de leur monde (des lunes), et la position du soleil, qui se lèvent (le soleil et la lune) aux portes par lesquelles il (le soleil) se lève et se couche pendant trente jours.

Chapitre LXXV – Les jours intercalaires. L'ange Uriel préposé aux astres. Les portes du soleil

1. Les chefs des princes des mille qui sont préposés à toute créature et à toutes les étoiles, avec les quatre (jours) qui sont ajoutés (et qui ne) ne sont pas distincts de leur œuvre[76], conformément à la supputation de l'année, et ils servent pendant quatre jours qui ne sont pas comptés dans la supputation de l'année.

2. Et à cause d'eux les hommes errent à leur sujet[77], car ces lumières servent exactement les stations du monde, une à la première porte et une à la troisième porte, une à la quatrième porte et une à la sixième porte, et l'harmonie du monde s'accomplit en trois cent soixante-quatre stations du monde.

3. Car les signes, les temps, les années et les jours me fit voir Uriel, l'ange que le Seigneur de gloire a préposé au monde sur toutes les lumières du ciel, dans le ciel et dans

---

[75] Ces versets paraissent contenir une allusion au système grec du cycle de huit ans. Ils expliquent la différence de l'année solaire et de l'année lunaire dans une période de trois ans, de cinq ans et de huit ans (5 + 3).

[76] Ce sont les princes mêmes des chefs des mille qui président aux jours intercalaires.

[77] Les hommes errent en ne tenant pas compte des jours intercalaires.

le monde, pour que le soleil, la lune et les étoiles et toutes les créatures serves qui tournent sur tous les chars du ciel, règnent à la face du ciel et soient vus sur la terre et soient les guides du jour et de la nuit.

4. Uriel me fit voir également douze portes ouvertes dans l'orbite du char du soleil dans les cieux ; par elles sortent les rayons du soleil, et par elles se répand la chaleur sur la terre lorsqu'elles sont ouvertes dans les temps qui leur sont fixés.

5. Et (elles servent aussi) aux vents et à l'esprit de la rosée, quand elles sont ouvertes, ouvertes dans les cieux, aux extrémités.

6. Douze portes j'ai vues dans les cieux aux confins de la terre ; d'elles sortent le soleil, la lune et les étoiles et toute œuvre du ciel à l'orient et à l'occident.

7. Et il y a de nombreuses fenêtres ouvertes à droite et à gauche, et chaque fenêtre répand la chaleur en son temps ; elles répondent à ces portes par lesquelles se lèvent les étoiles comme il (Dieu) leur a ordonné, et par lesquelles elles se couchent selon leur nombre.

8. Et j'ai vu dans les cieux des chars qui parcourent le monde au-dessus de ces portes ; dans ces (chars) tournent les étoiles qui ne se couchent pas.

9. Et il en est un plus grand que tous, c'est celui qui fait le tour du monde entier.

Chapitre LXXVI – Les douze vents et leurs portes

1. Aux confins de la terre, j'ai vu douze portes ouvertes pour tous les vents ; c'est d'elles que sortent les vents et qu'ils soufflent sur la terre.

2. Trois d'entre elles sont ouvertes sur la face du ciel et trois à l'ouest ; trois à droite du ciel et trois à gauche.

3. Et les trois premières sont celles qui sont du côté de l'orient, et il y en a trois au midi, et les trois suivantes sont celles qui sont à gauche du côté du nord, et il y en a trois au couchant[78].

4. Par quatre d'entre elles[79], sortent des vents de bénédiction et de salut, et par les huit (autres) sortent des vents de châtiment lorsqu'ils sont envoyés, ils apportent la ruine à toute la terre, et à l'eau qui est sur elle, et à tous ceux qui l'habitent et à tous ceux qui sont dans l'eau et sur l'aride.

5. Le premier vent, dont le nom est l'oriental, sort de ces portes, par la première porte qui est du côté de l'orient et (qui) s'incline vers le midi[80] ; par elle, sort la désolation de l'aride, et la chaleur, et la ruine.

6. Et par la deuxième porte, celle du milieu, sort le bien (?), et par elle sortent la pluie, et le fruit, et le salut, et la rosée. Et par la troisième porte, du côté du nord, sortent le froid et le sec[81].

7. Et après ceux-ci, sortent les vents du côté du midi par trois portes : le premier, par la première de ces portes qui s'incline du côté de l'orient[82], sort en vent de chaleur.

---

[78] L'auteur énumère les points cardinaux, comme le faisaient les Hébreux, en commençant par l'orient qu'il place « en face » (v. 2). Le midi doit donc se trouver, pour lui, à droite, et le nord à gauche.

[79] Par quatre d'entre elles, c'est-à-dire par la porte du milieu de chaque groupe, celle qui est orientée exactement dans la direction du point cardinal correspondant.

[80] *La première porte… qui s'incline*, etc., c'est-à-dire orientée est-sud-est.

[81] La troisième porte est-nord-est.

[82] La première porte sud-est-sud.

8. Et par la porte du milieu, qui est auprès, sortent les bonnes odeurs, et la rosée, et la pluie, et le salut, et la vie.

9. Et par la troisième porte qui est du côté de l'occident[83], sortent la rosée, et la pluie, et les sauterelles, et la désolation.

10. Et après ceux-ci (viennent) les vents du côté du nord, [dont le nom est mer, et celui qui sort] par la septième porte qui est à l'orient, [qui s'incline au midi[84] ;] par elle viennent la rosée et la pluie, les sauterelles et la ruine.

11. Et de la porte droite du milieu sortent la vie, et la pluie, et la rosée, et le salut. Et par la troisième porte qui est à l'occident, [qui s'incline au nord[85],] par elle, sortent la nuée, et le givre, et la neige, et la pluie, et la rosée, et les sauterelles.

12. Après ceux-ci (viennent) les [quatre] vents qui sont à l'occident. Par la première porte, qui est du côté du nord[86], sortent la rosée, et la neige, et le froid, et le givre, et la fraîcheur.

13. Et par la porte du milieu, sortent la rosée et la pluie, le salut et la bénédiction ; et par la dernière porte qui est au midi[87], sortent la sécheresse et la ruine, la chaleur et la perdition.

14. Et sont achevées les douze portes des quatre vents des cieux, et je t'ai montré toute leur loi, et tout leur châtiment, et tout leur salut, ô mon fils Mathusala.

---

[83] La porte sud-ouest-sud.

[84] Il faudrait «par la septième porte qui est au nord et s'incline à l'orient», c'est-à-dire la porte nord-est-nord.

[85] Il faudrait «qui est au nord et s'incline à l'occident», c'est-à-dire la porte nord-ouest-nord.

[86] La porte ouest-nord-ouest.

[87] La porte ouest-sud-ouest.

Chapitre LXXVII – Les quatre régions de l'univers. Les sept montagnes. Les sept fleuves. Les sept îles

1. On appelle la première région l'orientale, car elle est la première. On appelle la deuxième le midi, car le Très-Haut descend là et l'éternellement béni descend surtout là.

2. La région du couchant, son nom est l'imparfaite, car là sont diminuées et descendent toutes les lumières du ciel.

3. La quatrième région, dont le nom est nord, se divise en trois parties : la première d'entre elles est l'habitation des hommes, la deuxième est dans les mers des eaux, et dans les abîmes, et dans les forêts, et dans les fleuves, et dans les ténèbres, et dans la nuée ; et la troisième partie est dans le jardin de justice.

4. J'ai vu sept hautes montagnes, plus belles que toutes les montagnes qui sont sur la terre ; d'elles vient la gelée : et les jours et le temps et l'année passent.

5. J'ai vu sept fleuves sur la terre, plus grands que tous les fleuves : l'un d'eux vient de l'occident, dans la grande mer il déverse ses eaux[88].

6. Et les deux (autres) vont du nord jusqu'à la mer, et ils déversent leurs eaux dans la mer Érythrée, à l'orient[89].

7. Et les quatre autres sortent du côté du nord jusqu'à leur mer : < deux jusqu'à > la mer Érythrée et deux dans

---

[88] Le fleuve de l'occident est-il le Nil, qui déverse ses eaux dans la Méditerranée ?

[89] Les deux fleuves qui viennent du nord sont le Tigre et l'Euphrate, qui se déversent dans la mer Érythrée, c'est-à-dire le golfe Persique, la mer d'Oman et l'océan Indien.

la grande mer ; ils se déversent là [d'aucuns disent : dans le désert[90]].

8. Sept grandes îles j'ai vues dans la mer et près de la terre ; deux près de la terre et cinq dans la grande mer.

Chapitre LXXVIII – Le Soleil et la Lune

1. Voici les noms du soleil : l'un est Oryarès et l'autre Tomas[91].

2. Et la lune a quatre noms : son premier nom est Asonya, et le deuxième Ebelâ, et le troisième Benâsê, et le quatrième Erâ'e.

3. Ce sont les deux grands luminaires : leur orbite est comme l'orbite du ciel, et les proportions de leurs deux orbites sont égales.

4. Dans le disque du soleil, il y a sept parties de lumière qui lui sont ajoutées de plus qu'à la lune ; et avec mesure elle (la lumière) est mise (dans la lune) jusqu'à ce que passe la septième partie du soleil[92].

5. Et (les deux luminaires) se couchent et entrent dans les portes de l'occident, et ils font le tour par le nord, et par les portes de l'orient ils se lèvent sur la face du ciel.

---

[90] La fin du verset semble se rapporter à une tradition différente que l'auteur croit devoir mentionner : certains prétendent qu'ils se déversent art contraire dans le désert. Ces quatre fleuves sont l'Indus, le Gange, l'Oxus et l'Iaxarte.

[91] Les deux noms du soleil répondent aux deux saisons des Hébreux, l'hiver et l'été : Oryarès = *'ôr heres*, la lumière du soleil, quand sa puissance est diminuée, en hiver ; Tomas, altération de *hammah*, le soleil brûlant de l'été.

[92] Hénoch explique ici que la lumière du soleil est donnée avec mesure à la lune : c'est un septième de la lumière du soleil qui est donné graduellement à la lune.

6. Et lorsque la lune se lève, elle apparaît dans le ciel, et elle a la moitié d'un septième de lumière, et en quatorze (jours) elle accomplit toute sa lumière[93].

7. Et quinze parties de lumière sont mises en elle en quinze jours, sa lumière s'accomplit selon le signe de l'année, et elle est de quinze parties, et la lune croît (litt. se fait) par demi-septième.

8. Et dans sa décroissance, le premier jour elle décroît à quatorze parties de lumière et le deuxième, elle décroît à treize parties ; et le troisième, elle décroît à douze parties et le quatrième, elle décroît à onze parties et le cinquième, elle décroît à dix parties ; et le sixième, elle décroît à neuf parties ; et le septième, elle décroît à huit parties ; et le huitième, elle décroît à sept parties, et le neuvième, elle décroît à six parties ; et le dixième, elle décroît à cinq parties ; et le onzième, elle décroît à quatre parties ; et le douzième, elle décroît à trois parties ; et le treizième, elle décroît à deux parties ; et le quatorzième, elle décroît au demi du septième de toute sa lumière ; et le quinzième est consommé ce qui restait du tout[94].

9. Et dans des mois déterminés, elle est de vingt-neuf jours au mois, et il en est auxquels elle est de vingt-huit jours[95].

---

[93] Elle a la moitié d'un septième de lumière, de sa lumière à elle. L'auteur considère ici le cas où quatorze jours seulement s'écoulent de la nouvelle à la pleine lune ; aux v. 7 et 8, il considère la même période comme de quinze jours.

[94] Ce verset signifie que la lune décroît régulièrement depuis la pleine lune jusqu'à la nouvelle lune en quinze jours, par quatorzièmes ; le quinzième jour, elle perd son dernier reste, soit 1/28 de lumière.

[95] Y a-t-il là une allusion au cycle de soixante-seize ans de Calippe, correction du cycle de dix-neuf ans de Méton, dans laquelle Calippe, pour compenser à la fin les sommes respectives des différences entre les années solaires et les années lunaires, enlevait un jour au dernier

10. Uriel me fit voir une autre loi : quand la lumière est placée dans la lune et de quel point elle est projetée par le soleil.

11. Tout le temps que la lune progresse (et marche), elle projette sa lumière devant le soleil ; en quatorze jours sa lumière est pleine, et lorsqu'elle est embrasée tout entière, sa lumière est pleine dans le ciel.

12. Le premier jour, elle est appelée nouvelle lune, car en ce jour la lumière s'élève au-dessus d'elle.

13. Et elle est pleine exactement dans le temps où le soleil descend dans le couchant et où elle monte de l'orient pendant la nuit, et la lune brille pendant toute la nuit jusqu'à ce que le soleil se lève en face d'elle et que la lune apparaisse en face du soleil.

14. Par où commence (litt. sort) la lumière de la lune, par là elle décroît de nouveau jusqu'à ce que toute sa lumière soit consumée et que les jours du mois passent et que son disque soit vide, sans lumière.

15. Et pendant trois mois elle fait trente jours (en son temps), et pendant trois mois elle agit par vingt-neuf jours ; c'est en ces jours qu'elle opère sa décroissance dans le premier temps et par la première porte en cent soixante-dix-sept jours[96].

16. Et au temps de son lever, pendant trois mois elle apparaît par trente jours, et pendant trois mois elle apparaît par vingt-neuf jours.

17. Dans la nuit, elle apparaît pendant vingt jours comme un homme[97] ; et dans le jour, comme le ciel car elle n'a rien autre chose que sa lumière.

---

mois de sa période de soixante-seize ans, et obtenait ainsi un mois de vingt-huit jours ?

[96] Les deux saisons de l'année se composent de deux périodes chacune : une période de trois mois de trente jours, et une période de trois mois de vingt-neuf jours.

[97] Premier nom de la lune : Asonya, petit homme.

Chapitre LXXIX – Résumé des lois des astres

1. Et maintenant, mon fils, je t'ai tout montré, et la loi de toutes les étoiles des cieux est terminée.

2. Il m'a donc montré toutes leurs lois pour tous les jours, et pour tous les temps qui exercent le pouvoir, et pour toute l'année et pour sa fin, et pour les règles de tous les mois et toutes les semaines, et la décroissance de la lune qui se fait par la sixième porte, car par cette sixième porte, sa lumière se parfait, et par elle a lieu le commencement de la décroissance ; < et la décroissance > qui se fait par la première porte en son temps, jusqu'à ce que s'accomplissent cent soixante-dix-sept jours, ou, selon la loi de la semaine, vingt-cinq (semaines) et deux jours et (il m'a montré) que (la lune) retarde sur le soleil et selon la loi des étoiles de cinq jours en un temps exactement, et (il m'a montré) quand est parfait ce lieu que tu vois.

3. Telles sont la vision et l'image de toute lumière que m'a montrées Uriel, le grand ange qui est leur guide.

Chapitre LXXX – Prodiges des derniers jours. Châtiment des pécheurs

1. En ces jours, Uriel, l'ange, m'adressa la parole et me dit : « Voici que je t'ai tout montré, ô Hénoch, et je t'ai tout révélé pour que tu voies ce soleil et cette lune, et ceux qui guident les étoiles des cieux et ceux qui les font tourner, leur œuvre et leur temps et leur lever.

2. « Aux jours des pécheurs, les années seront abrégées, et leur semence se retardera sur leur terre et sur leurs champs ; et toute œuvre sur la terre sera changée et n'apparaîtra plus en son temps, et la pluie sera retenue, et le ciel (l') arrêtera.

3. Et en ce temps, le fruit de la terre sera retardé, et il ne croîtra pas en son temps, et le fruit des arbres sera arrêté en son temps.

4. Et la lune changera sa loi et elle n'apparaîtra pas en son temps.

5. Et en ces jours apparaîtra dans le ciel et arrivera la stérilité sur le haut (litt. à l'extrémité) d'un grand char à l'occident, et elle brillera extraordinairement, plus que (ne le veut) la loi de la lumière.

6. Et beaucoup erreront des chefs des étoiles de l'ordre, et ceux-ci changeront leurs voies et leur œuvre, et ils n'apparaîtront pas dans les temps qui leur sont prescrits.

7. Et toutes les lois des étoiles seront fermées pour les pécheurs, et les pensées de ceux qui vivent sur la terre erreront à leur sujet, et ils se détourneront de toutes leurs voies et ils erreront et ils les regarderont (les étoiles) comme des dieux.

8. Et le mal se multipliera contre eux et le châtiment viendra sur eux pour les anéantir tous.

Chapitre LXXXI – Les tablettes du ciel. Mission d'Hénoch

1. Et il me dit : « Regarde, Hénoch, les tablettes du ciel, et lis ce qui y est écrit et comprends tout distinctement. »

2. Et je regardai les tablettes du ciel et je lus tout ce qui était écrit et je compris tout, et je lus le livre de toutes les œuvres des hommes et de tous les enfants de chair qui sont sur la terre jusqu'aux générations éternelles.

3. Et aussitôt je bénis le Seigneur grand, le roi de gloire pour l'éternité, parce qu'il a fait toutes les créatures du monde, et je louai le Seigneur pour sa patience, et je le bénis pour les enfants d'Adam.

4. Et alors je dis : « Heureux l'homme qui meurt juste et bon, et contre lequel n'est écrit ni trouvé un livre d'injustice au jour du jugement. »

5. Et ces sept saints m'apportèrent et me déposèrent sur la terre devant la porte de ma maison, et ils me dirent : « Fais connaître tout à Mathusala ton fils, et apprends à tous ses enfants qu'aucun être de chair n'est juste devant le Seigneur, car il est leur créateur.

6. Nous te laisserons une année auprès de ton fils jusqu'à ce que tu reprennes des forces pour instruire tes fils et écrire pour eux et attester à tous tes enfants ; et dans la deuxième année, on te retirera du milieu d'eux.

7. Que ton cœur soit fort, car les bons apprendront la justice aux bons, le juste se réjouira avec les justes et ils se salueront entre eux.

8. Mais le pécheur mourra avec le pécheur, et l'apostat sera submergé avec l'apostat.

9. Et ceux qui accomplissent la justice mourront par l'œuvre des hommes et ils seront réunis par l'œuvre des méchants. »

10. Et en ces jours ils cessèrent de s'entretenir avec moi et j'entrai chez les miens en bénissant le Seigneur du monde.

Chapitre LXXXII — Recommandations à Mathusala. Les jours intercalaires. Les astres et leurs guides

1. Maintenant, ô mon fils Mathusala, je te dis toutes ces choses et je (les) écris pour toi, et je t'ai tout révélé, et je t'ai donné les livres (qui retracent) toutes ces choses.

Garde, mon fils ! le livre de la main de ton père, et de même donne-le aux générations du monde.

2. Je t'ai donné la sagesse, à toi et à tes enfants et aux enfants que tu auras, pour qu'ils donnent à leurs enfants des générations (= à venir) cette sagesse au-dessus de leurs pensées.

3. Et ils ne dorment pas, ceux qui comprennent, mais ils prêtent l'oreille pour apprendre cette sagesse ; et elle est plus utile à ceux qui (en) mangent qu'une nourriture exquise.

4. Heureux tous les justes, heureux tous ceux qui marchent dans la voie de la justice et qui ne pèchent pas comme les pécheurs, dans le calcul de tous leurs jours, pendant lesquels le soleil marche dans les cieux, entre et sort par les portes pendant trente jours, avec les chefs des mille de l'ordre des étoiles, avec les quatre qui sont ajoutés, qui font la séparation entre les quatre parties de l'année, qui les guident et qui entrent avec elles dans les quatre jours (supplémentaires).

5. Sur eux les hommes errent[98] et ils ne les comptent pas dans la supputation du temps entier, car les hommes errent à leur sujet et ils ne les connaissent pas exactement.

6. Car ils appartiennent à la computation de l'année, et ils sont réellement assignés pour l'éternité, un à la première porte, un à la troisième, un à la quatrième et un à la sixième et l'année est complète en trois cent soixante-quatre (jours).

7. Or vraie est sa parole (d'Uriel) et exacte sa supputation qui est inscrite ; car Uriel m'a montré les lumières, et les mois, et les fêtes, et les années, et les jours, et il a souf-

---

[98] Les hommes errent en ne comptant pas les quatre jours supplémentaires et en donnant trois cent soixante jours seulement à l'année, au lieu de trois cent soixante-quatre.

flé sur moi ce que lui a commandé pour moi le Seigneur de toute créature du monde touchant l'armée du ciel.

8. Et il a le pouvoir sur la nuit et sur le jour dans le ciel, pour faire briller la lumière sur les hommes le soleil, et la lune, et les étoiles, et toutes les puissances des cieux qui tournent sur leur orbite.

9. Et telle est la loi des étoiles qui se couchent en leurs lieux, en leurs temps, en leurs fêtes et en leurs mois.

10. Et voici les noms de ceux qui les guident, de ceux qui veillent et entrent en leur temps, qui les guident en leurs places, et selon leurs lois, et à leurs époques, et dans leurs mois, et selon leur puissance et dans leurs stations.

11. Leurs quatre guides entrent d'abord, qui séparent les quatre parties de l'année, et ensuite les douze chefs des ordres qui séparent les mois ; et pour les trois cent soixante (jours), il y a les chefs des mille qui distinguent les jours[99] ; et pour les quatre qui leur sont ajoutés, il y a ceux qui distinguent en qualité de guides les quatre parties de l'année.

12. Ces chefs des mille sont intercalés entre le guide et le guidé, chacun après une station, et leurs guides séparent les stations.

13. Et voici les noms des guides qui séparent les quatre parties de l'année fixées : Melkiel, Élimelek, Mêlèyal, et Nârel.

14. Et les noms de ceux qui les guident sont Adnarel Iyasusâel et Iyelumiel : ces trois sont ceux qui suivent les chefs des ordres, et il en est un qui vient derrière les trois chefs des ordres qui suivent ces chefs des stations qui séparent les quatre parties de l'année.

---

[99] Il y a d'abord les chefs des quatre saisons, ce sont ceux qui sont chargés aussi des quatre jours supplémentaires ; en second lieu, les chefs des ordres ou des douze mois ; enfin les chefs des mille qui séparent les trois cent soixante jours.

15. En tête de l'année, se lève le premier et règne Melkiel[100] dont le nom est Tamaʿâni et soleil ; et tous les jours qui sont en son pouvoir, sur lesquels il domine, sont (du nombre de) quatre-vingt-onze jours.

16. Et voici les signes des jours qui apparaissent sur la terre au temps de sa puissance chaleur, embrasement et calme ; et tous les arbres portent des fruits, et les feuilles poussent sur tous les arbres : et la moisson du froment, et la fleur de rose, et toutes les fleurs qui poussent dans les champs, et les arbres d'hiver se dessèchent.

17. Voici les noms des guides qui sont au-dessous de lui : Berkiel, Zalbesâel, et l'autre chef des mille qui est ajouté, par lequel se terminent les jours de leur pouvoir, a pour nom Hêloyasêph.

18. L'autre guide qui vient après lui est Élimelek qu'on appelle « soleil brillant », et tous les jours de sa lumière sont (au nombre de) quatre-vingt-onze jours.

19. Et voici les signes de (ces) jours sur la terre : chaleur et sécheresse, les arbres mûrissent leurs fruits et ils donnent tous leurs fruits mûrs et à point ; les brebis s'unissent et elles conçoivent, et on cueille tous les fruits de la terre et tout ce qu'il y a dans les champs et au pressoir du vin : et cela a lieu dans les jours de sa puissance.

20. Et voici les noms et les ordres et les guides des chefs des mille : Gèdâel, Kêel et Héel ; et le nom du chef des mille qui leur est ajouté est Asfâel ; et les jours de leur puissance sont terminés.

---

[100] Les copistes éthiopiens ont transcrit ici Melkyât, mais cette lecture est évidemment erronée. Il ne peut s'agir ici que de Melkiel, le premier des guides des quatre parties de l'année dont il est question au v. 13. Halévy y voit le nom d'Élimelek retourné. Comme chef du printemps, Melkiel a au-dessous de lui les chefs des trois mois qui composent cette saison.

QUATRIÈME PARTIE : LIVRE DES SONGES[101]

Chapitre LXXXIII – Premier songe d'Hénoch. Son grand-père Malaleel le lui explique

1. Et maintenant donc, je vais te montrer, mon fils Mathusala, toutes les visions que j'ai vues, je vais les raconter devant toi.

2. Je vis deux visions avant de prendre femme[102], et l'une ne ressemblait pas à l'autre : la première quand j'apprenais à écrire, et la seconde avant de prendre ta mère ; je vis une vision terrible, et à leur sujet, je suppliai le Seigneur.

3. J'étais couché dans la maison de Malaleel, mon grand-père ; je vis en vision le ciel abattu, enlevé et tombant sur la terre.

4. Et lorsqu'il tomba sur la terre, je vis la terre engloutie dans un grand abîme[103], les montagnes suspendues sur les montagnes, les collines s'abîmant sur les collines, et de grands arbres séparés de leurs troncs, projetés et submergés dans l'abîme.

5. Alors, une parole tomba dans ma bouche, et j'élevai (la voix) pour crier, et je dis : « La terre est détruite. »

---

101 Cette section est le récit de deux songes d'Hénoch : le premier (LXXXIII-LXXXIV) a trait au déluge ; le second (LXXXV-XC) est un tableau de l'histoire du monde, depuis la création du premier homme jusqu'à l'âge messianique.

102 Avant de prendre femme, c'est-à-dire, d'après Gen., v, 21, avant qu'Hénoch eût soixante-cinq ans. Il avait eu la première vision quand il apprenait à écrire, donc dans sa jeunesse, presque dans son enfance.

103 C'est le déluge qui est la cause de tout ce bouleversement.

6. Alors, Malaleel, mon grand-père, m'éveilla, comme j'étais couché près de lui, et me dit : « Pourquoi cries-tu ainsi, mon fils, et pourquoi gémis-tu de la sorte ? »

7. Alors, je lui racontai toute la vision que j'avais vue, et il me dit : « De même que tu as vu une chose terrible, mon fils, et qu'elle est terrible la vision de ton songe sur les mystères de tous les péchés de la terre, ainsi elle (la terre) est sur le point d'être engloutie dans les abîmes, et d'être ruinée d'une grande ruine.

8. Maintenant, mon fils, lève-toi et prie le Seigneur de gloire, puisque tu es fidèle, pour qu'il reste un reste sur la terre et qu'il (Dieu) n'anéantisse pas la terre tout entière.

9. Mon fils, tout cela doit venir du ciel sur la terre, et il y aura sur la terre une grande ruine. »

10. Alors, je me levai, et je priai, et je suppliai, et je demandai, et j'écrivis ma prière pour les générations du monde, et je te montrerai tout, mon fils Mathusala.

11. Or quand je me rendis en bas et que je vis le ciel, et le soleil se lever à l'orient, et la lune descendre à l'occident, et de rares étoiles, et toute la terre, et tout ce qu'il a fait au commencement, je bénis le Seigneur du jugement, et je l'exaltai, parce qu'il fait lever le soleil par les fenêtres de l'orient, de sorte qu'il monte, et qu'il brille à la face du ciel, et qu'il se met en route pour parcourir la voie qui lui a été montrée.

Chapitre LXXXIV – Hénoch demande à Dieu de ne pas anéantir sa postérité

1. Et j'élevai mes mains dans la justice, et je bénis le Saint et le Grand, et je parlai par le souffle de ma bouche, et avec la langue de chair que Dieu a faite aux enfants de chair de l'homme, afin qu'ils s'en servent pour parler ; et il leur a donné un souffle, et une langue, et une bouche pour qu'ils parlent avec.

2. Béni sois-tu, ô Seigneur, roi grand et fort dans ta grandeur, Seigneur de toute créature céleste, Roi des rois, et Dieu de tout l'Univers. Ton empire et ta royauté et ta grandeur demeurent à jamais et dans les siècles des siècles, et dans toutes les générations des générations, ta puissance. Tous les cieux sont ton trône pour l'éternité, et la terre entière est l'escabeau de tes pieds à jamais, et pour les siècles des siècles.

3. Car c'est toi qui as fait et qui domines toutes choses, et il n'est pas d'œuvre qui te soit difficile, il n'en est pas une ; et aucune sagesse ne te manque et ne s'écarte de sa vie (qui est) ton trône, ni de ta face. Et tu connais, et tu vois, et tu entends tout, et il n'y a rien qui te soit caché, car tu vois toutes choses.

4. « Et maintenant donc, les anges de tes cieux pèchent, et sur la chair de l'homme s'exerce ta colère jusqu'au grand jour du jugement.

5. « Et maintenant donc, Dieu, Seigneur et Roi grand, je te supplie et te demande d'exaucer ma prière de me laisser une postérité sur la terre, et de ne pas anéantir toute chair humaine, et de ne pas vider la terre, et que la destruction ne soit pas éternelle.

6. « Et maintenant donc, ô mon Seigneur, extermine de la terre la chair qui t'a irrité, mais la chair de justice et de droiture, fais-en une plante dont le germe soit éternel, et ne cache pas ta face à la demande de ton serviteur, ô Seigneur. »

Chapitre LXXXV – Deuxième songe d'Hénoch[104]. Histoire du monde

1. Et après cela je vis un autre songe, et tout ce songe je vais te montrer, ô mon fils.

2. Alors, Hénoch éleva (la voix) et dit à son fils Mathusala : «Je veux te parler, à toi, mon fils, écoute ma parole, et prête l'oreille à la vision du songe de ton père.

3. Avant de prendre ta mère Ednâ[105], je vis une vision sur ma couche, et voici : un taureau sortait de terre, et ce taureau était blanc[106]. Après lui sortit une génisse, et avec elle sortirent deux veaux dont l'un était noir et l'autre rouge[107].

4. Or le veau noir frappa le rouge et le poursuivit sur la terre, et dès lors je ne pus voir ce veau rouge[108].

5. Puis le veau noir grandit, et cette génisse[109] vint avec lui, et je vis sortir de lui de nombreux taureaux qui lui ressemblaient et le suivaient par derrière.

---

104 LXXXV-XC. Deuxième songe d'Hénoch. Tableau de l'histoire du monde, dont les acteurs sont les hommes et les anges, symbolisés par des animaux. Les taureaux représentent les patriarches. Les douze fils de Jacob sont représentés par des brebis. Les béliers sont, comme dans Es., XXXIV, les chefs du peuple juif. La dégénérescence de ces animaux est l'image de la déchéance des peuples ou des individus. Les bêtes sauvages symbolisent les peuples voisins d'Israël, le plus souvent ses ennemis. Les étoiles sont les anges tombés ; et les hommes, les anges fidèles. Mais parfois l'auteur abandonne son symbolisme et représente les chefs du peuple par des hommes.

105 Le nom de la femme d'Hénoch Ednâ est emprunté à la tradition juive. Voir le *Livre des Jubilés*, IV, 20, où elle est appelée Edni.

106 C'est Adam. Peut-être est-ce là une allusion indirecte à la création de l'homme avec le limon de la terre. Le blanc est la couleur de la pureté.

107 La génisse représente Ève ; le veau noir, Caïn ; le veau rouge, Abel. Le noir est la couleur du péché : le rouge, celle du martyre.

108 Meurtre d'Abel par Caïn.

6. Et cette génisse, la première, s'éloigna du premier taureau pour chercher le veau rouge[110], et elle ne le trouva pas, et elle poussa sur lui une grande lamentation, et elle le chercha.

7. Et je vis jusqu'à ce que survint le premier taureau, et il la fit taire, et dès lors elle ne cria plus.

8. Elle enfanta ensuite un autre taureau blanc, et après lui elle enfanta de nombreux taureaux et des génisses de couleur noire[111].

9. Et je vis dans mon sommeil ce taureau blanc grandir également et devenir un grand taureau blanc, et de lui sortirent de nombreux taureaux blancs qui lui ressemblaient[112].

10. Et ils commencèrent à engendrer de nombreux taureaux blancs qui leur ressemblaient et se suivaient l'un l'autre.

Chapitre LXXXVI – Suite de l'histoire du monde. Les étoiles et les taureaux

1. Et je vis encore de mes yeux dans mon sommeil, je vis le ciel en haut, et voici : une étoile tomba du ciel[113], et elle s'éleva et mangea, et elle paissait au milieu de ces taureaux.

---

[109] Cette génisse, c'est la femme de Caïn. Ce n'est pas Ève, qui est désignée au v. 6 par les mots « cette génisse, la première ». Ce ne peut être qu'une sœur de Caïn : Awan, d'après le *Livre des Jubilés*, IV, 1. Pour les descendants de Caïn, cf. Gen., IV, 17-24.

[110] Ève recherche Abel jusqu'à ce qu'elle soit calmée par Adam. Ce trait n'est pas dans la Genèse.

[111] Les taureaux et les génisses de couleur noire sont les enfants d'Adam qui ne sont pas agréables à Dieu.

[112] Seth et ses descendants. Cf. Gen., V, 6 et sq. Parce qu'ils ont été justes, ils sont représentés par des taureaux blancs.

[113] C'est le premier ange tombé, Azazel ou Semyaza.

2. Je vis ensuite des taureaux grands[114] et des (taureaux) noirs, et voici : ils échangèrent tous leurs étables et leurs pâturages et leurs veaux, et ils se mirent à vivre l'un avec l'autre.

3. Et je vis encore en vision, et je regardai le ciel, et voici : je vis de nombreuses étoiles descendre et se jeter du haut du ciel auprès de cette première étoile[115], et au milieu de ces veaux, elles devinrent des taureaux, et avec eux elles paissaient au milieu d'eux.

4. Et je les regardai, et je vis, et voici : tous sortirent leur membre sexuel comme des chevaux et se mirent à monter sur les génisses des taureaux, et toutes conçurent et elles engendrèrent des éléphants, des chameaux et des ânes[116].

5. Et tous les taureaux les craignirent et en furent effrayés ; et ils (les éléphants, les chameaux et les ânes) se mirent à mordre de leurs dents et à dévorer et à frapper de leurs cornes.

6. Et ils se mirent donc à dévorer les taureaux, et voici : tous les enfants de la terre commencèrent à trembler et à s'épouvanter devant eux et à s'enfuir.

Chapitre LXXXVII – Apparition de sept hommes blancs (les anges)

1. Et je les vis de nouveau qui commençaient à se frapper l'un l'autre, et se dévorer l'un l'autre, et la terre se mit à crier.

---

[114] L'auteur fait peut-être allusion à la confusion qui s'établit entre les descendants de Caïn et ceux de Seth. Les taureaux grands seraient les mêmes que les taureaux blancs de LXXXV, 8, 9.

[115] Les anges suivent l'exemple d'Azazel ou de Semyaza.

[116] Union des anges et des filles des hommes. Cf. VII, 1-2, et Gen., VI, 1, 2, 4. Les éléphants, les chameaux et les ânes représentent les géants issus de cette union, les Naphelim et les Elioud.

2. Puis j'élevai de nouveau mes yeux vers le ciel, et je vis en vision, et voici : il sortit du ciel des êtres semblables à des hommes blancs[117], et quatre sortirent de ce lieu, et trois (autres) avec eux[118].

3. Or ces trois qui sortirent en dernier lieu me prirent par la main, et m'enlevèrent au-dessus de la génération terrestre, et ils m'emportèrent sur un lieu élevé et me montrèrent une tour élevée (au-dessus) de la terre, et toutes les collines étaient petites (à côté).

4. Et ils me dirent : « Reste ici jusqu'à ce que tu aies vu tout ce qui arrivera à ces éléphants, ces chameaux et ces ânes, et aux étoiles, et aux génisses, et à eux tous. »

Chapitre LXXXVIII – Les bons anges châtient les anges déchus

1. Et je vis un des quatre, qui étaient sortis d'abord, saisir la première étoile qui était tombée du ciel, et lui lier les mains et les pieds, et la jeter dans un abîme, et cet abîme était étroit et profond, escarpé et sombre[119].

2. Puis l'un d'eux tira l'épée et la donna aux éléphants, aux chameaux et aux ânes, et ils se mirent à se frapper l'un l'autre, et toute la terre trembla à leur sujet.

3. Et comme je voyais encore en vision, voici qu'un des quatre qui étaient sortis jeta… du ciel, et on rassembla et on prit toutes les grandes étoiles dont le membre

---

[117] Les hommes blancs représentent les anges fidèles.

[118] Les quatre anges qui sortent sont, d'après IX, 1 : Michaël, Uriel, Raphaël et Gabriel. CXXI, 9 et 13, donne un autre groupe de quatre anges Michaël, Gabriel, Raphaël et Phanuel. XX, 1-8 compte sept anges saints qui veillent : Uriel, Raphaël, Haguel, Michaël, Saraqiel, Gabriel, Remeiel. Cf. LXXXI, 5.

[119] Les anges déchus et les géants attendent dans cet abîme le jugement dernier, d'après X, 12-14.

sexuel était comme celui des chevaux, et il (l'ange) les lia toutes par les mains et les pieds, et il les jeta dans un abîme de la terre.

Chapitre LXXXIX – Histoire du monde depuis Noé. Les soixante-dix pasteurs d'Israël

1. Alors, l'un des quatre alla vers ce taureau blanc et lui apprit un secret[120] sans qu'il tremblât. Il était né taureau, et il devint homme, et il se construisit une grande barque[121] et y demeura ; et trois taureaux[122] demeurèrent avec lui dans cette barque, et elle fut couverte au-dessus d'eux.

2. J'élevai de nouveau mes yeux du côté du ciel et je vis un toit élevé, et sur ce toit sept cataractes, et ces cataractes coulaient dans un enclos[123] (en masses) d'eaux abondantes.

---

[120] Les versets 1-9 résument l'histoire du déluge et de Noé. *L'un des quatre alla vers ce Taureau blanc*, c'est-à-dire vers Noé. Dans la Genèse, Dieu, en ordonnant à Noé de construire l'arche, ne lui recommande pas de garder le secret. D'après le récit babylonien, au contraire, Ea révèle en grand mystère à Ut-Napishtim le projet des dieux de faire le déluge (*Épopée de Gilgamesh*, tablette XI. lig. 19-47). Après le déluge, En se défend contre Bêl d'avoir trahi le secret divin : « Je n'ai pas dévoilé le secret des grands dieux ; au très intelligent (Atrakhasis), j'ai fait voir des songes, il a compris le secret des grands dieux. » (*Ibid.* lig. 195 et 196.)

[121] Au LXVII, 2, ce sont les anges qui construisent l'arche.

[122] Trois taureaux demeurèrent avec lui Sem, Cham et Japhet. Cf. Gen. VII, 16. Trois taureaux demeurèrent avec lui Sem, Cham et Japhet. Cf. Gen. VII, 16.

[123] L'auteur se représente l'humanité comme un troupeau. L'enclos dans lequel habite ce troupeau est la terre ; le toit qui l'abrite est le ciel ; les cataractes sont les torrents d'eau qui descendent sur la terre par les écluses du ciel, tandis que « les sources de l'abîme jaillissent » pour compléter l'inondation (Gen., VII, 11, et VIII, 2). Au lieu de s'écouler, l'eau demeure sur le sol et s'élève jusqu'à ce que les tau-

3. Et je vis de nouveau, et voici que des sources s'ouvrirent sur le sol dans ce vaste enclos, et cette eau commença à bouillonner et à s'élever au-dessus du sol, et je vis (encore) cet enclos jusqu'à ce que (enfin) toute sa surface fut couverte par l'eau.

4. Et l'eau et l'obscurité et le brouillard s'accrurent au-dessus de lui. Et je vis la hauteur de cette eau ; et cette eau s'éleva au-dessus de cet enclos, et elle se répandit sur l'enclos, et elle demeura sur le sol.

5. Tous les taureaux de cet enclos furent rassemblés, jusqu'à ce que je les vis submergés, engloutis et anéantis dans cette eau.

6. Et la barque flottait sur l'eau ; mais tous les taureaux et les éléphants et les chameaux et les ânes furent engloutis dans la terre avec tous les quadrupèdes, et je ne pus plus les voir ; et ils ne purent sortir, et ils furent détruits et submergés dans l'abîme.

7. Et de nouveau je vis en vision, jusqu'à ce que ces cataractes disparurent de ce toit élevé, (que) les fissures de la terre se nivelèrent et (que) d'autres abîmes s'ouvrirent.

8. Et l'eau commença à y descendre, jusqu'à ce que la terre fut découverte, et la barque reposa sur la terre, et l'obscurité se retira, et la lumière fut.

9. Alors le taureau blanc qui était devenu homme, sortit de cette barque, et les trois taureaux avec lui ; et un des trois taureaux était blanc, il ressemblait à ce (premier) taureau, et l'un d'eux était rouge comme du sang ; et un, noir. Et ce taureau blanc s'éloigna d'eux.

---

reaux, c'est-à-dire les hommes qui n'avaient pas été sauvés avec Noé, soient engloutis, ainsi que les éléphants, les chameaux et les ânes.

10. Et ils commencèrent à engendrer des bêtes sauvages et des oiseaux[124]. Et il y en eut une multitude de toute espèce : lions, léopards, chiens, loups, hyènes, porcs sauvages, renards, écureuils, sangliers, faucons, vautours, éperviers, aigles et corbeaux. Et au milieu d'eux naquit un taureau blanc.

11. Et ils commencèrent à se mordre l'un l'autre, puis le taureau blanc, qui était né au milieu d'eux, engendra un âne sauvage et un taureau blanc avec lui, et l'âne sauvage grandit[125].

12. Ensuite le taureau qui avait été engendré par le taureau blanc engendra un sanglier noir et une brebis blanche[126]. Et celui-là engendra de nombreux sangliers[127], et la brebis engendra douze brebis[128].

13. Et lorsque ces douze brebis eurent grandi, elles livrèrent une d'entre elles à des ânes, et ces ânes à leur tour livrèrent cette brebis à des loups[129], et la brebis grandit au milieu des loups.

14. Puis le Seigneur amena les onze brebis pour (les faire) habiter avec elle et paître avec elles au milieu des loups. Et elles se multiplièrent et devinrent de nombreux troupeaux de brebis.

---

[124] Des fils de Noé naquirent les peuples qui habitent la terre. Cf. Gen., X. Un seul de ces peuples est bon, c'est Israël, qui descend d'Abraham, le taureau blanc. Tous les autres sont mauvais, et représentés par conséquent par des animaux nuisibles. Leur déchéance est accentuée par le fait que les animaux qui les symbolisent sont nés d'animaux d'une autre espèce.

[125] L'âne sauvage est Ismaël. Cf. Gen., XVI, 12 : « Ce sera un âne sauvage que cet homme. Le taureau blanc est Isaac.

[126] Isaac engendra Esaü (sanglier noir) et Jacob (brebis blanche).

[127] Les descendants d'Esaü. Cf. Gen., XXXVI.

[128] Les douze brebis sont les douze fils de Jacob. Cf. Gen., XXXV, 23-26.

[129] La brebis, c'est Joseph vendu par ses frères aux Ismaélites. Gen., XXXVII, 28.   Les loups sont les Égyptiens.

15. Or les loups commencèrent à les craindre et à les opprimer[130], jusqu'à faire périr leurs petits, et à jeter leurs petits dans un grand cours d'eau. Et les brebis se mirent à crier au sujet de leurs petits et à se plaindre à leur Seigneur.

16. Mais une brebis qui avait échappé aux loups s'enfuit et se rendit chez les ânes sauvages. Et je vis les brebis se lamenter, et crier, et supplier leur Seigneur de toutes leurs forces, jusqu'à ce que le Seigneur des brebis descendit, à la voix des brebis, de son sanctuaire élevé, et vint auprès d'elles et les fit paître[131].

17. Et il appela la brebis qui s'était enfuie du milieu des loups[132], et il lui parla des loups pour qu'elle leur intimât de ne plus toucher aux brebis.

18. Et la brebis se rendit auprès des loups, sur l'ordre du Seigneur[133], et une autre brebis vint à sa rencontre et marcha avec elle[134]. Et elles allèrent et entrèrent toutes les deux ensemble dans l'assemblée des loups[135], et elles leur parlèrent et leur intimèrent de ne pas toucher désormais aux brebis.

19. Et dès lors, je vis que les loups opprimèrent plus durement et de toutes leurs forces les brebis, et les brebis crièrent.

20. Et leur Seigneur vint auprès des brebis, et il se mit à frapper ces loups, et les loups commencèrent à se lamenter[136]. Mais les brebis se turent et désormais elles ne crièrent plus.

---

[130] Les Égyptiens oppriment les Israélites. Cf. Ex., I, 8-2.

[131] Le Seigneur des brebis est le Dieu d'Israël, qui descend du ciel, son sanctuaire élevé, pour prendre lui-même la conduite du troupeau.

[132] Fuite de Moïse chez les Madianites. Cf. Ex., II, 15.

[133] Vocation de Moïse. Cf. Ex., III, 1 ; IV, 23.

[134] Aaron va à la rencontre de Moïse. Ex., IV, 27.

[135] Moïse et Aaron devant Pharaon Ex., V, 1-5.

[136] Les plaies d'Égypte : Ex., VII, 14 ; XII, 30.

21. Et je vis les brebis sortir d'entre les loups[137], et les yeux des loups furent obscurcis. Et ces loups sortirent en poursuivant les brebis[138] de toutes leurs forces.

22. Mais le Seigneur des brebis marcha avec elles en les conduisant, et toutes ses brebis le suivaient, et sa face était resplendissante, glorieuse et terrible à voir[139].

23. Et les loups commencèrent à poursuivre ces brebis, jusqu'à ce qu'ils les eurent rejointes près d'un étang d'eau[140].

24. Mais cet étang d'eau s'ouvrit[141], et l'eau se tint d'un côté et de l'autre devant elles et (devant) leur Seigneur qui leur montrait la route et se tenait entre elles et les loups.

25. Et comme ces loups ne voyaient plus les brebis, elles marchèrent au milieu de cet étang d'eau ; et les loups poursuivirent les brebis, et ils coururent derrière elles, ces loups, dans cet étang d'eau. Mais quand ils virent le Seigneur des brebis, ils se retournèrent pour fuir devant sa face. Mais cet étang d'eau se referma, et il reprit soudainement sa position naturelle, et il se remplit d'eau, et il s'éleva jusqu'à couvrir ces loups.

26. Et je vis jusqu'à ce qu'eussent péri tous les loups qui poursuivaient les brebis, et qu'ils fussent submergés.

27. Et les brebis s'éloignèrent de cette eau et se rendirent dans un désert sans eau ni herbe[142]. Et elles commencèrent à ouvrir les yeux et à voir. Et je vis le Seigneur des brebis les faire paître et leur donner de l'eau et de l'herbe, et cette brebis marcher et les guider.

---

[137] Départ des Israélites : Ex., XII, 31-39.

[138] Les Égyptiens les poursuivent : Ex., XIV, 1-8.

[139] Cf. la colonne de nuée et la colonne de feu : Ex., XIII, 21-22.

[140] Les Égyptiens atteignent les Israélites : Ex., XIV, 9.

[141] Séparation des eaux de la mer Rouge : Ex., XIV, 19-21.

[142] Les Israélites dans le désert de Sin, les cailles et la manne : Ex., XV, 22 ; XVI, 36.

28. Or cette brebis monta sur le sommet de ce rocher élevé[143], et le Seigneur des brebis l'envoya auprès d'elles.

29. Ensuite, je vis le Seigneur des brebis se tenant devant elles ; et son aspect était grandiose, terrible et puissant[144], et toutes les brebis le virent et elles craignirent devant sa face.

30. Et toutes craignirent et tremblèrent devant lui, et elles crièrent à cette brebis (qui était) avec elles, [la seconde brebis[145] qui était au milieu d'elles] : « Nous ne pouvons nous tenir devant notre Seigneur, ni le regarder. »

31. Or la brebis qui les guidait revint et monta au sommet de ce rocher. Et les yeux des brebis commencèrent à s'obscurcir, et elles errèrent hors de la voie[146] qu'elle leur avait montrée ; mais cette brebis ne le savait pas.

32. Alors, le Seigneur des brebis s'irrita contre elles d'une grande colère, et cette brebis apprit (la défection des autres brebis) ; elle descendit du sommet du rocher et elle vint auprès des brebis, et elle trouva que la plupart d'entre elles avaient les yeux obscurcis et erraient[147].

33. Et en la voyant, elles craignirent et tremblèrent devant sa face et elles voulurent revenir à leurs bercails[148].

---

[143] Ce rocher élevé : le Sinaï. Il n'en a pas encore été question. Moïse sur le Sinaï : Ex., XIX, 3-15.

[144] Le Seigneur manifeste sa gloire aux Israélites Ex., XIX, 16-25.

[145] *La seconde brebis, etc.*, est une interpolation erronée ; elle ne pourrait s'entendre que d'Aaron. Or, dans le passage de l'Exode (XX, 19) que ce verset recouvre, il n'est pas question d'Aaron, mais seulement de Moïse : c'est lui qui à ce moment « était avec eux » ; il revient ensuite sur le Sinaï.

[146] Le veau d'or : Ex., XXXII, 1-6.

[147] Dieu avertit Moïse de l'apostasie des Israélites : Ex., XXXII, 7-10. — Moïse descend de la montagne Ex., XXXII, 15.

[148] *Revenir à leur bercail,* c'est-à-dire revenir au bien, d'après le v. 35. Dans le récit de l'Exode, il n'est pas question de cette velléité des Israélites.

34. Mais cette brebis prit avec elle d'autres brebis, et elle se rendit auprès des brebis qui avaient erré, et elle se mit à les tuer[149], et les brebis craignirent devant sa face. Et cette brebis fit revenir les brebis qui avaient erré, et elles revinrent à leur bercail.

35. Et je vis dans cette vision jusqu'à ce que cette brebis devint un homme et construisit une maison[150] au Seigneur des brebis, et elle amena toutes les brebis dans cette maison.

36. Et je vis jusqu'à ce que se fut endormie cette brebis qui s'était jointe[151] à la brebis qui guidait les brebis. Et je vis jusqu'à ce que toutes les grandes brebis eurent péri, et de petites se levèrent à leur place, et elles entrèrent dans un pâturage[152], et elles s'approchèrent d'un cours d'eau.

37. Puis la brebis qui les guidait, qui était devenue homme, fut séparée d'elles et s'endormit[153] ; et toutes les brebis la cherchèrent et poussèrent sur elle de grands cris.

38. Et je vis jusqu'à ce qu'elles eurent cessé de crier sur cette brebis. Puis elles passèrent ce cours d'eau[154], et il

---

[149] Moïse, avec l'aide des Lévites, châtie les Israélites infidèles : Ex., XXXII, 25-28.

[150] Construction du tabernacle Ex., XXXV-XL. Ici se présente la même incohérence, dans le symbolisme, qu'au LXXXIX, 1, le taureau qui représentait Noé devint un homme pour bâtir l'arche. De même, la brebis qui représente Moïse devient un homme pour construire le tabernacle. Et cela n'empêche pas l'auteur de reprendre son symbolisme dès le verset suivant.

[151] Mort d'Aaron : Nom., XX, 23-30.

[152] Les Israélites qui avaient vu la sortie d'Égypte (grandes brebis) étant tous morts, sauf Caleb et Josué, leurs fils (petites brebis) arrivent dans les territoires situés à l'est du Jourdain, «lieu propre pour les troupeaux». Num., XXXII, 1.

[153] Mort de Moïse : Deut., XXXIV, 1-8.

[154] Passage du Jourdain : Josué, III, 10-17. Le texte a subi des altérations en cet endroit. Les mss. portent : «Et il vint toutes les brebis,»

vint (d'autres) brebis qui les guidèrent à la place de celles qui s'étaient endormies après les avoir guidées.

39. Et je vis les brebis jusqu'à ce qu'elles entrèrent dans une belle région et dans une terre agréable et splendide[155]. Et je vis ces brebis jusqu'à ce qu'elles furent rassasiées, et cette maison était au milieu d'elles dans la terre agréable[156].

40. Et tantôt leurs yeux s'ouvraient et tantôt ils s'aveuglaient[157], jusqu'à ce qu'une autre brebis se leva et les guida. Et elle les ramena toutes, et leurs yeux s'ouvrirent.

41. Or les chiens, les renards et les porcs sauvages se mirent à dévorer ces brebis[158] jusqu'à ce que le Seigneur des brebis suscita [une autre brebis] un bélier d'entre elles qui les guida.

42. Et ce bélier se mit à frapper de ci et de là ces chiens, ces renards et ces porcs sauvages, jusqu'à ce qu'il les eût fait périr tous[159].

---

leçon inintelligible. L'auteur a voulu dire qu'après Moïse, Aaron et Josué les Israélites eurent d'autres chefs : ce sont les Juges.

[155] Entrée dans la terre promise.

[156] Les Israélites emmenèrent avec eux le tabernacle et l'arche d'alliance.

[157] Apostasies et conversions successives d'Israël pendant la période des Juges, jusqu'à la judicature de Samuel.

[158] Le symbolisme qui représente par des bêtes sauvages les ennemis d'Israël se trouve en germe dans la Bible. Cf. Isaïe, LVI, 9 et Jérém., XIV, 9, Ezéch., XXXIV, 5. Les chiens sont les Philistins. Les porcs sauvages sont les Ismaélites ou les Edomites. Dillmann se demande si les renards ne sont pas les Amalécites battus par Saül, tout en faisant remarquer que cette explication ne convient guère à l'époque de l'exil, où les « renards », sont de puissants ennemis d'Israël, alors que les Amalécites disparaissent à peu près complètement de l'histoire après le règne de David. Pour ce motif, Charles, voit dans les « renards » les Ammonites, battus aussi par Saül.

[159] Saül battit les Ammonites, les Philistins (chiens), et les Edomites (porcs sauvages).

43. Alors, les yeux de cette brebis[160] s'ouvrirent, et elle vit que le bélier qui était au milieu des brebis avait perdu son honneur[161] et qu'il commençait à frapper ces brebis et à les fouler aux pieds et à se conduire indignement.

44. Alors, le Seigneur des brebis envoya la brebis vers une autre brebis et l'éleva au rang de bélier[162] pour conduire les brebis à la place du bélier qui avait perdu son honneur.

45. Et elle se rendit auprès d'elle, et elle lui parla en secret, et elle éleva ce bélier et elle le fit juge et pasteur des brebis. Or, pendant tous ces (événements), les chiens opprimaient les brebis[163].

46. Mais le premier bélier poursuivit ce second bélier, et ce second bélier se leva et s'enfuit devant lui. Et je vis jusqu'à ce que ces chiens eurent abattu le premier bélier[164].

47. Puis ce second bélier se leva et conduisit les [petites] brebis, et ce bélier engendra de nombreuses brebis, puis il s'endormit. Et une petite brebis devint bélier à sa place[165], et elle fut le juge et le conducteur des brebis.

48. Et ces brebis grandirent et se multiplièrent, et tous ces chiens, renards et porcs sauvages eurent peur et fuirent loin de lui. Mais ce bélier frappa et tua toutes les bêtes, et ces bêtes n'eurent plus de puissance au milieu des brebis, et elles ne leur dérobèrent absolument plus rien[166].

---

[160] Les yeux de cette brebis : Samuel.

[161] Samuel s'aperçoit que Saül viole les ordres de Dieu.

[162] Dieu envoie Samuel auprès de David pour l'oindre roi sur Israël, à la place de Saul : I Sam., XVI, 1-13. Les rois sont représentés par des béliers, Cf. v. 42 et 43.

[163] Les chiens (Philistins) opprimaient les brebis : I Sam., XVII, 1-54.

[164] Saül poursuit David : I Sam., XXI-XXX. Il périt dans une bataille contre les Philistins (les chiens) I Sam., XXXI.

[165] Règne de David. Salomon lui succède.

[166] Prospérité du royaume d'Israël sous David ; ses triomphes sur ses ennemis. Ce verset devrait être avant le v. 48, selon l'ordre du grec.

49. Et cette maison devint grande et spacieuse, et elle fut bâtie pour ces brebis, < et > une tour élevée et grande fut bâtie sur la maison pour le Seigneur des brebis. Et cette maison était basse, et la tour élevée et haute[167]. Et le Seigneur des brebis se tenait sur cette tour, et on plaçait devant lui une table chargée (d'offrandes).

50. Puis je vis encore ces brebis errer de nouveau et aller dans une multitude de voies, et abandonner leur maison. Et le Seigneur des brebis appela du milieu d'elles des brebis et les envoya auprès des brebis, mais les brebis se mirent à les tuer[168].

51. Or une d'entre elles fut sauvée et ne fut pas tuée[169], et elle bondit et elle cria au sujet des brebis, et elles voulurent la tuer. Mais le Seigneur des brebis la sauva des mains des brebis et la fit monter et asseoir près de moi.

52. Et il envoya encore de nombreuses brebis[170] près de ces brebis pour leur annoncer (sa parole) et pour pleurer sur elles.

53. Et ensuite je les vis abandonner la maison du Seigneur et sa tour[171]. Elles erraient en tout et leurs yeux étaient aveuglés. Et je vis le Seigneur des brebis en faire un grand

---

[167] La maison est Jérusalem, et la tour, le temple.

[168] Après le schisme, les dix tribus d'Israël abandonnent le culte du vrai Dieu et Jérusalem. Dieu envoie des prophètes à son peuple, pour le ramener ; mais ses prophètes sont égorgés. Allusion au massacre des prophètes par Jézabel : I Rois, XVIII, 4.

[169] Une d'entre elles fut sauvée : Élie. Cf. I Rois, XIX, et II Rois, 1.

[170] Les prophètes successeurs d'Élie.

[171] Les fils d'Israël abandonnent complètement le culte du vrai Dieu. Si la « maison » désigne Jérusalem, on objectera que jamais Jérusalem n'a été abandonnée avant l'exil. Le Temple lui-même (la tour) ne fut pas absolument délaissé, pendant les périodes d'idolâtrie. Peut-être ne faut-il pas serrer de trop près le symbolisme de l'auteur. La maison et la tour, prises ensemble, pourraient désigner le Temple.

carnage[172] dans leurs pâturages jusqu'à ce que ces brebis eussent (encore) appelé ce carnage[173] et livré sa place.

54. Et il les abandonna aux lions, aux léopards[174] aux loups, aux hyènes, aux renards et à toutes les bêtes, et ces bêtes sauvages se mirent à déchirer ces brebis.

55. Puis je le vis abandonner leur maison et leur tour et les livrer toutes (les brebis) aux lions, afin qu'il les déchirent et les dévorent, — à toutes les bêtes.

56. Et moi, je me mis à crier de toute ma force et à appeler le Seigneur des brebis et je lui fis voir que les brebis étaient dévorées par toutes les bêtes sauvages.

57. Mais lui se tut en les voyant, et il se réjouit de ce qu'elles étaient mangées, dévorées et ravies et il les abandonna en pâture à toutes les bêtes[175].

58. Puis il appela soixante-dix pasteurs[176] et il leur livra ces brebis pour les faire paître. Et il dit aux pasteurs et

---

[172] Allusion aux défaites des Israélites, dans leurs guerres avec les puissances voisines, particulièrement avec les rois syriens.

[173] Les Israélites appellent eux-mêmes ce carnage en demandant le secours des nations qui devaient les écraser. Achaz appelle à son aide Téglathphalasar : II Rois, XVI, 7-18.

[174] Les lions et les léopards sont les Assyriens et les Babyloniens. Les loups désignent les Égyptiens. Les renards sont peut-être les peuples voisins de la mer Morte : Ammonites, etc. (Cf. v. 42.). Il n'est pas vraisemblable que les hyènes désignent les Éthiopiens. Elles désignent plutôt les Syriens, un des peuples qui ont le plus souvent menacé l'indépendance d'Israël.

[175] Le Seigneur délaisse Jérusalem et abandonne Israël, puis Juda, aux Assyriens (lions) et aux Chaldéens. Cf. Is., LVI, 9.

[176] Les soixante-dix pasteurs. Dillmann et Ewald avaient pensé que ces pasteurs étaient les rois païens oppresseurs d'Israël. Cette opinion permettait de voir dans l'allégorie des soixante-dix pasteurs le développement de Zacharie, I, 14-15 : «Ainsi parle Jéhovah des armées : J'ai été ému d'une grande jalousie pour Jérusalem et pour Sion, et je ressens une violente indignation contre les nations qui vivent dans l'opulence ; car moi, j'étais peu irrité, et elles ont, elles, travaillé à la ruine.» Mais Hoffmann en a montré les difficultés : selon lui, les

soixante-dix pasteurs sont plutôt des anges. Son interprétation a été acceptée par la plupart des critiques. Nous l'adoptons nous aussi, et en soulignant le fait que les soixante-dix pasteurs sont chargés de régir Israël successivement, chacun pour une période, et non simultanément. C'est la seule interprétation, nous semble-t-il, qui permette de résoudre toutes les difficultés. En effet : les soixante-dix pasteurs sont appelés tous à la fois devant Dieu pour s'entendre confier leur mission, ce qui se comprend très bien si ce sont des anges, mais fort peu si ce sont des rois païens, qui pour la plupart n'existent pas encore. Ce ne sont pas des rois païens, puisqu'ils livrent une partie des brebis aux bêtes sauvages, c'est-à-dire aux Gentils. L'idée des soixante-dix pasteurs semble être faite pour expliquer les malheurs d'Israël. Au début, Dieu était lui-même le pasteur de son peuple. Il n'aurait pu permettre que de si grandes calamités lui arrivent ; surtout il n'aurait pas frappé lui-même Israël d'un châtiment plus grand qu'il ne le méritait. Mais, par suite de l'idolâtrie des Israélites, Dieu a confié le soin de son troupeau à soixante-dix anges. Ceux-ci s'acquittent mal de leur tâche, et c'est pour cela qu'Israël est écrasé. Ses malheurs sont hors de proportion avec ses fautes ; ils ne peuvent s'expliquer que par la négligence des soixante-dix pasteurs. Beer voit dans les soixante-dix pasteurs les types célestes, des princes païens, auxquels Dieu aurait confié le soin de régir Israël, quand celui-ci eut perdu son indépendance. Cette opinion essaye de fondre les autres explications proposées ; mais il nous paraît bien difficile de la justifier. Dieu avait déjà confié son peuple aux soixante-dix pasteurs, quand l'invasion assyrienne eut lieu. Les soixante-dix pasteurs paraissent être une transformation des soixante-dix années de Jérémie (XXV, 11-12, et XXIX, 10), dont Daniel a fait les soixante-dix semaines d'années (Dan., IX, 2, 24-27). L'auteur d'Hénoch fait d'ailleurs, lui aussi, de ce nombre de soixante-dix la base de sa chronologie. Il divise cette partie de l'histoire en soixante-dix sections, dont chacune correspond à un pasteur, groupées en quatre périodes 12 + 23 + 23 + 12. La première période s'étend depuis l'invasion assyrienne jusqu'au retour de la captivité sous Cyrus (722-537) ; la deuxième, depuis Cyrus jusqu'à Alexandre le Grand (537-333) ; la troisième, depuis Alexandre le Grand jusqu'à l'apparition des Macchabées (période grecque, 333-200 environ) ; la quatrième, depuis les préludes du soulèvement des Macchabées jusqu'au temps de l'auteur. Les principaux jalons de cette division symbolique sont nettement marqués ; mais il est impossible de prouver que, dans les détails, elle répond exactement à la chronologie réelle. Tous les efforts tentés dans cette voie ont échoué.

à leurs serviteurs : « Que chacun de vous désormais fasse paître les brebis, et tout ce que je vous ordonnerai, faites-le. »

59. Je vous les livrerai en nombre (déterminé) et je vous dirai celles qui doivent périr, et celles-là, faites-les périr. » — Et il leur livra ces brebis.

60. Puis il en appela un autre[177] et lui dit : « Considère et vois tout ce que les pasteurs font à ces brebis, car ils en font périr plus que je ne leur ai commandé.

61. Et (pour) tout excès et perte qui seront l'œuvre des pasteurs, écris combien ils (en) font périr par mon ordre, et combien ils (en) font périr de leur chef. Toute perte de chaque pasteur inscris-la à leur compte.

62. Lis ensuite le nombre devant moi : combien ils en auront fait périr, et combien on leur en avait livré pour la destruction afin que ce me soit un témoignage contre eux, pour que je sache toute la conduite des pasteurs, que je les mesure et que je voie ce qu'ils font, s'ils s'en tiennent ou non à l'ordre que je leur ai donné.

63. Mais qu'ils ne le sachent pas, et ne le leur fais pas connaître et ne les avertis pas, mais inscris toute destruction des pasteurs, un par un, en son temps[178], et fais monter tout (cela) devant moi. »

Il est même fort probable que son auteur n'avait pas en vue cet accord détaillé, qu'il voulait donner seulement une esquisse à grands traits, en classant les événements dans quatre périodes : une courte, deux longues, une courte, renfermées dans le nombre symbolique de soixante-dix. En réalité, il a certainement beaucoup trop rapetissé la première et la seconde période, comparativement aux deux autres.

[177] Cet autre est un archange, peut-être Michaël.

[178] Bien que les soixante-dix pasteurs aient été appelés tous en même temps, ils prennent à tour de rôle, et chacun pendant une période déterminée, le soin de veiller sur le peuple de Dieu. Ce verset est inexplicable dans l'hypothèse où les anges veillent simultanément.

64. Et je vis jusqu'au moment où ces pasteurs firent paître, (chacun) en son temps, et se mirent à tuer et à faire périr plus de (brebis) qu'ils n'en avaient reçu l'ordre, et à livrer ces brebis aux lions.

65. Et les lions et les léopards mangèrent et dévorèrent la plupart des brebis, et les porcs sauvages mangèrent avec eux[179], et ils brûlèrent cette tour et ils renversèrent cette maison[180].

66. Et je m'attristai très fort au sujet de la tour, parce que cette maison des brebis avait été renversée, et dès lors je ne pus plus voir si ces brebis entraient dans cette maison[181].

67. Et les pasteurs et leurs serviteurs livrèrent ces brebis à toutes les bêtes sauvages[182] afin qu'elles les dévorent, et (de) tout (ce que) chacun d'eux en son temps avait reçu en nombre (déterminé), il fut écrit (pour) chacun d'eux par l'autre, en un livre, combien il en avait fait périr.

68. Or chacun (en) tuait et (en) faisait périr plus qu'il ne leur avait été fixé, et moi je me mis à pleurer et à me lamenter sur ces brebis.

69. Et je vis également en vision celui qui inscrivait, comment il inscrivait chaque brebis qui avait été détruite par ces pasteurs jour par jour, et il apporta et déposa tout son livre, et il fit voir au Seigneur des brebis tout ce qu'avait fait et tout ce qu'avait enlevé chacun d'eux, et tout ce qu'il avait livré à la destruction.

---

[179] Les lions (Assyriens) ; les léopards (Babyloniens) ; les porcs sauvages (Edomites). La première partie du verset fait allusion à la chute du royaume d'Israël, sous les coups de Salmanasar, roi d'Assyrie et aux guerres de Sennachérib contre les rois de Juda.

[180] Destruction de Jérusalem (maison) et du Temple (tour) par Nabuchodonosor (II Rois, XXV).

[181] C'est la captivité de Babylone.

[182] Les Israélites, laissés en Palestine, sont dans un état misérable, et ils deviennent la proie de tous les peuples voisins.

70. Et le livre fut lu en présence du Seigneur des brebis, et il prit le livre de sa main, et il le lut, le scella et le déposa[183].

72.[184] Et après cela, je vis que les pasteurs faisaient paître (les brebis) pendant douze heures[185], et voici : trois de ces brebis revinrent[186], et elles arrivèrent et entrèrent, et elles se mirent à bâtir tout ce qui était tombé de cette maison, mais les porcs sauvages les (en) empêchèrent, et elles ne le purent pas (cette fois).

73. Puis elles recommencèrent à bâtir comme auparavant, et elles élevèrent cette tour qui fut appelées tour haute[187], et elles recommencèrent à placer devant la tour une table, mais tout le pain qui y était (déposé) était souillé et impur.

74. Et sur tout cela, les yeux de ces brebis étaient aveuglés, et elles ne voyaient pas, et leurs pasteurs de même, et il (le Seigneur des brebis) les livra pour une plus grande destruction à leurs pasteurs qui foulèrent aux pieds les brebis et les dévorèrent.

75. Et le Seigneur des brebis se tut jusqu'à ce que toutes les brebis fussent dispersées dans le désert[188] et qu'elles fussent mêlées avec eux (les animaux sauvages),

---

[183] *Le scella et le déposa.* Cette action marque la fin de la première période, qui commence avec l'apparition de l'Assyrie, et se termine au retour de la captivité.

[184] Deuxième période, depuis Cyrus jusqu'à Alexandre le Grand 537-333.

[185] Les douze heures ne marquent pas une date précise. C'est un chiffre symbolique. Le mot heures est ici l'équivalent du mot « temps ».

[186] *Trois de ces brebis revinrent* : Zorobabel et Josué d'une part, Esdras ou Néhémie d'autre part. Les deux retours se confondent dans la perspective de l'auteur.

[187] Reconstruction du Temple (la tour). Cf. Esdr., III-VI.

[188] Dispersion des Israélites parmi les peuples. Ceci nous conduit jusqu'à l'époque d'Alexandre, vers 333 av. J.-C.

et ils (les pasteurs) ne les délivrèrent pas de la main des bêtes.

76. Et celui qui avait écrit le livre l'apporta, le montra et le lut au Seigneur des brebis, et il le supplia pour elles et il lui adressa une demande, en lui montrant toute la conduite des pasteurs, et en portant témoignage devant lui contre tous les pasteurs.

77. Et prenant son livre, il le déposa près de lui (le Seigneur des brebis) et il sortit.

Chapitre XC – Suite de l'histoire des soixante-dix pasteurs et des derniers temps d'Israël. Les temps messianiques et le jugement final

1. Et je vis jusqu'au temps où trente-cinq pasteurs eurent ainsi fait paître (les brebis), et chacun d'eux accomplit (son mandat) en son temps, comme les premiers, et d'autres les reçurent dans leurs mains, afin de les faire paître en leur temps, chaque pasteur en son temps.

2. Après cela, dans une vision, je vis venir tous les oiseaux du ciel[189] : les aigles, les vautours, les éperviers et les corbeaux ; et les aigles guidaient tous les oiseaux, et ils se mirent à dévorer ces brebis et à leur crever les eux et à dévorer leur chair.

---

[189] Tous les oiseaux du ciel. Ce sont les nations qui composent l'empire gréco-macédonien. Les aigles représentent les Grecs ou les Macédoniens, puisqu'ils sont à la tête des autres oiseaux. Les corbeaux, d'après les v. 8, 9 et 12, ne peuvent être que les Séleucides. Les vautours et les éperviers doivent symboliser, par conséquent, les Égyptiens et leurs monarques.

3. Et les brebis crièrent parce que leur chair était dévorée par les oiseaux[190]. Et moi je regardai et je me lamentai dans mon sommeil sur le pasteur qui paissait les brebis.

4. Et je vis jusqu'à ce que ces brebis eussent été dévorées par les chiens[191], par les aigles[192] et par les éperviers[193] qui ne leur laissèrent absolument ni chair, ni peau, ni muscle, jusqu'à ce qu'elles n'eussent plus que les os, et leurs os tombèrent sur la terre et les brebis diminuèrent.

5. Et je vis jusqu'au temps où vingt-trois pasteurs eurent fait paître (les brebis) et eurent accompli, chacun en son temps, cinquante-huit temps[194].

6. [195] Et voici : des agneaux naquirent de ces brebis blanches[196], et ils commencèrent à ouvrir les yeux et à voir, et à bêler auprès des brebis.

7. Et les brebis ne bêlèrent pas vers eux[197] et ne prêtèrent pas l'oreille à leur parole, mais elles furent tout à fait

---

[190] Allusion aux maux que les Juifs eurent à subir pendant les querelles des généraux d'Alexandre et leurs luttes pour la possession de la Palestine.

[191] Les chiens, c'est-à-dire les Philistins.

[192] Les aigles ; Antigone et Démétrius, en compétition avec le roi d'Égypte.

[193] Les éperviers : Ptolémée Soter.

[194] C'est la fin de la troisième période. – Cinquante-huit temps, en comptant ceux qui les avaient précédés.

[195] Quatrième période, depuis les préludes du soulèvement des Machabées, vers 200, jusqu'au temps de l'auteur.

[196] Les brebis blanches sont les Juifs restés fidèles ; les agneaux qui leur naissent sont les Assidéens, parti qui se forma, parmi ces Juifs fidèles, pour lutter contre l'envahissement et les séductions de l'hellénisme, et pour en détourner le peuple. C'est de ce parti que sortirent les Pharisiens. Les Assidéens se constituèrent en parti un peu avant l'époque d'Antiochus Épiphane et l'apparition de Mathathias, puisqu'ils se joignent à Mathathias quand il lève l'étendard de la révolte : I Mach., II, 42. Ils ne restèrent d'ailleurs pas longtemps unis avec les Macchabées, et ils se réconcilièrent avec Alcime, le prétendant au sacerdoce (I Mach., VII, 13.1).

sourdes, et leurs yeux s'aveuglèrent extrêmement et de plus en plus.

8. Et je vis en vision les corbeaux[198] s'abattre sur ces agneaux et saisir un de ces agneaux, et ils déchiquetèrent les brebis et les dévorèrent.

9. Et je vis jusqu'à ce qu'il poussa des cornes[199] à ces agneaux, et les corbeaux faisaient tomber leurs cornes. Et je vis jusqu'à ce qu'une grande corne[200] poussa à une de ces brebis, et leurs yeux s'ouvrirent.

10. Et elle (la brebis) les vit, et leurs yeux s'ouvrirent ; et elle cria vers les brebis, et les béliers[201] la virent et ils accoururent tous auprès d'elle.

---

[197] Les brebis ne bêlèrent pas vers eux. Les Assidéens firent vainement appel à la nation ; les hellénisants devinrent de plus en plus nombreux.

[198] Les corbeaux, c'est-à-dire les princes syriens. — Saisir un de ces agneaux. Il s'agit probablement du meurtre du grand-prêtre Onias III, par Andronicus, sous Antiochus IV Épiphane, en 471 av. J.-C. Cf. II Mach., IV, 30-38.   Onias est figuré par un agneau, sans doute parce que l'auteur le compte parmi les Assidéens. Dillmann pense qu'il s'agit plutôt de Jonathas et de son meurtre par Tryphon, en 143 ; mais Jonathas aurait été représenté par un agneau pourvu de cornes.

[199] *Des cornes.* Ce sont les Macchabées, les cinq fils de Mathathias, qui commencent la lutte contre les rois syriens (les corbeaux).

[200] Une grande corne : Jean Hyrcan, d'après Dillmann et Schurer ; Judas Macchabée, d'après Juche, Schodde et Charles, dont l'interprétation nous semble plus subtilement appuyée que la première. Lorsque Jean Hyrcan parut, il y avait longtemps que les Juifs avaient ouvert les yeux, et s'étaient rangés en foule aux côtés des Macchabées. On comprendrait d'ailleurs difficilement que l'auteur eût passé sous silence le plus grand des Macchabées, et qu'après avoir fait une simple allusion aux premiers champions de l'indépendance juive, il en arrivât immédiatement à Jean Hyrcan.

[201] C'est la période d'enthousiasme religieux qui atteignit son apogée sous Judas Machahée. Les béliers sont peut-être les chefs du peuple établis par Judas.

11. Et malgré cela, tous ces aigles, ces vautours, ces corbeaux et ces éperviers[202] ravissaient encore les brebis, fondaient sur elles et les dévoraient. Et les brebis se taisaient, et les béliers se lamentaient et criaient.

12. Puis ces corbeaux entrèrent en lutte et combattirent avec elle (la brebis), et ils voulurent lui enlever sa corne, mais ils ne le purent pas[203].

13. Et je les vis jusqu'à ce que survinrent les pasteurs, les aigles, les vautours et les éperviers[204] ;ils crièrent aux corbeaux de briser la corne de ce bélier, et ils combattirent et ils luttèrent avec lui, et lui combattit avec eux, et il cria pour qu'on vînt à son secours.

14. Et je vis arriver l'homme qui avait inscrit les noms[205] des pasteurs et qui avait apporté (le livre) devant

---

[202] D'après Dillmann, l'auteur désigne par ces mots les mercenaires enrôlés chez tous les peuples qui composaient les armées syriennes.

[203] Si la grande corne est Judas, comme nous le croyons, il faut admettre que l'auteur a écrit avant la mort du héros, et qu'il a en vue ici les victoires successives de Judas Macchabée contre les généraux syriens Apollonius, Séron, Gorgias, Lysias, Bachide, Alcime et Nicanor (II Mach., III-VII). Si elle désigne Jean Hyrcan, l'auteur fait allusion à la lutte qu'il soutint victorieusement contre Antiochus VIII Sidètes. Cf. I Mach., XVI, 18-24, et Josèphe, *Ant. Jud.*, XIII, VIII, 2. Mais c'est pendant sa première année que Jean Hyrcan déjoua les tentatives d'Antiochus Sidètes ; donc tout ce qui précède ne pourrait s'appliquer à lui.

[204] Ici, comme au v. 11, si la grande corne est Judas Macchabée, les aigles, les vautours et les éperviers sont les mercenaires des armées syriennes, ou les peuples voisins qui excitent les Séleucides et leur prêtent main forte dans leur lutte contre les Juifs. Or Gorgias, devenu chef militaire de ces provinces, levait des troupes étrangères, et saisissait toutes les occasions de faire la guerre aux Juifs. En même temps que lui, les Iduméens, maîtres de bonnes forteresses, molestaient les Juifs ; ils accueillaient ceux qui étaient chassés de Jérusalem, et tentaient d'entretenir la guerre. Mais on ne voit pas pourquoi et comment les pasteurs interviennent contre le héros juif.

[205] L'ange qui avait inscrit les noms (v. 14) et les méfaits des pasteurs, peut-être Michaël, serait le cavalier vêtu de blanc et revêtu d'une

le Seigneur des brebis, et il le secourut et le sauva, et il lui montra tout. Il descendit au secours de ce bélier.

15. Et je vis venir auprès d'elle le Seigneur des brebis en fureur, et ceux qui le virent s'enfuirent tous, et ils tombèrent tous dans les ténèbres (en fuyant) devant sa face[206].

16. Tous les aigles, vautours, corbeaux et éperviers s'assemblèrent, et ils amenèrent avec eux toutes les brebis sauvages, et ils vinrent tous ensemble et s'entraidèrent pour mettre en pièces cette corne du bélier[207].

17. Et je vis cet homme, qui avait écrit le livre par l'ordre du Seigneur, ouvrir le livre de la destruction qu'avaient faite ces douze derniers pasteurs[208], et montrer devant le Seigneur des brebis qu'ils avaient détruit beaucoup plus que leurs prédécesseurs.

18. Et je vis jusqu'à ce que le Seigneur des brebis vint auprès d'elles, et il prit en main la verge de sa colère, et il

---

armure d'or qui apparaît à la tête de l'armée de Macchabée dans la bataille qu'il livra à Lysias. Avant la bataille, le héros et ses soldats avaient demandé à Dieu de leur envoyer un bon ange pour la délivrance d'Israël (II Mach., XI, 6-12).

[206] Si ce verset est authentique, il signifie que le Seigneur viendra lui-même au secours de ses fidèles, et c'est alors seulement que les ennemis d'Israël céderont. Mais il coupe la suite des idées entre le v. 14 et le v. 16. Il est donc probablement interpolé, comme le veut Charles. En réalité, il faudrait lire ici le v. 19, qui semble avoir été déplacé. On pourrait aussi voir dans les v. 16-18 un doublet de 43-13.

[207] Les nations ennemies, alliées aux Juifs hellénisants, dispersés dans les villes grecques (brebis sauvages), feront un suprême effort pour abattre Judas Macchabée. L'auteur ne nous dit rien de l'issue de cette lutte suprême, qui est engagée au moment où il écrit, c'est-à-dire avant 160. Nous voyons seulement, par les v. 18 et suivants, qu'il nourrit la ferme espérance du triomphe définitif.

[208] C'est la fin de la quatrième période, qui commence vers 200 av. J.-C. et se termine avant la mort de Judas Macchabée, en 160. Elle s'étend donc sur une quarantaine d'années. Cela paraît suffisant pour les douze pasteurs, qui vont suivre jusqu'à l'avènement du royaume messianique.

frappa la terre, et la terre s'entrouvrit, et toutes les bêtes et les oiseaux du ciel tombèrent loin de ces brebis et furent engloutis dans la terre qui se ferma sur eux[209].

19. Et je vis jusqu'à ce qu'une grande épée[210] fut donnée aux brebis, et les brebis sortirent contre toutes les bêtes sauvages afin de les tuer, et toutes les bêtes et les oiseaux du ciel fuirent devant leur face[211].

20. Et je vis jusqu'à ce qu'un trône fut élevé sur la terre agréable[212], et le Seigneur des brebis s'assit dessus, et il (un ange) prit tous les livres scellés et il ouvrit ces livres devant le Seigneur des brebis.

21. Et le Seigneur appela ces sept premiers hommes blancs, et il commanda d'amener devant lui, en commençant par la première étoile qui (les) précédait, ces étoiles dont le membre sexuel était comme le membre sexuel des chevaux [et la première étoile qui tomba d'abord[213]]. Et ils les amenèrent toutes devant lui.

---

[209] Les versets 16-18 pourraient être un doublet des versets 13-15. Le v. 16 correspond au v. 13, où les nations s'allient contre Judas Macchabée ; le v. 17 au v. 14, c'est le secours apporté par l'ange du Seigneur. Le v. 18 correspond au v. 15 : le Seigneur survient lui-même, et les ennemis d'Israël sont anéantis.

[210] Cette épée désigne peut-être Judas Macchabée et ses premières victoires. Si ce verset ne doit pas être mis à la place de v. 15, on pourrait encore le regarder comme un doublet de la seconde partie du v. 9 : « Et je vis jusqu'à ce qu'une grande corne, » etc.

[211] Ce verset n'est probablement pas à sa place. Comment Israël pourrait-il massacrer ses ennemis, puisque la terre vient de les engloutir ?

[212] La terre agréable, c'est la Palestine. Certaines traditions plaçaient le jugement dernier dans la vallée de Josaphat.

[213] « Et la première étoile qui tomba d'abord » est une interpolation évidente.

22. Puis il parla à cet homme qui écrivait devant lui[214], l'un des sept (hommes) blancs, et il lui dit : « Prends ces soixante-dix pasteurs à qui j'avais livré les brebis et qui après les avoir reçues en ont égorgé beaucoup plus que je ne leur avais commandé. »

23. Et voici : je les vis tous enchaînés, et ils se tinrent tous devant lui.

24. Et le jugement porta d'abord sur les étoiles, et elles furent jugées, et elles furent (reconnues) pécheresses, et elles s'en allèrent dans le lieu du châtiment, et on les jeta dans un endroit profond, plein d'un feu ardent[215] et rempli par une colonne de feu.

25. Puis ces soixante-dix pasteurs furent jugés et furent (reconnus) pécheurs, et ils furent jetés eux (aussi) dans cet abîme de feu.

26. Et je vis en ce temps-là un précipice semblable et plein de feu s'ouvrir au milieu de la terre. Et on amena ces brebis aveuglées[216], et elles furent toutes jugées et

---

[214] *Cet homme qui écrivait devant lui.* Cf. LXXXII, 61, où l'homme qui écrit est considéré comme « un autre » pasteur. Et il est évidemment un ange, puisqu'il est un des sept. C'est une raison décisive de voir des anges dans les pasteurs. Tout aussi bien, les pasteurs sont jugés en même temps que les étoiles, qui représentent les anges. Cf. LXXXIX, 59.

[215] L'endroit profond et plein d'un feu ardent est la Géhenne.

[216] Les brebis aveuglées, c'est-à-dire les Juifs apostats et hellénisants, qui n'avaient pas observé la loi du Seigneur, ne sont pas jetées dans la même partie de la Géhenne que les anges déchus et les pasteurs. — *À la droite de cette maison,* c'est-à-dire au sud. Les Sémites s'orientaient en se tournant vers l'Orient. Cette maison est Jérusalem et le Temple (cf. LXXXIX, 50, et 56, 66, 72). Le précipice est la Géhenne ou la vallée de Hinnom, au sud de Jérusalem. C'était là que les adeptes du culte de Moloch faisaient passer leurs enfants par le feu. Plus tard, on en fit le dépôt des immondices de Jérusalem, et c'est pour ces deux motifs que la vallée devint un objet d'horreur pour les Juifs. Isaïe, LXVI, 24.

(reconnues) pécheresses, et jetées dans cet abîme de feu, et elles brûlèrent. Or ce précipice était à la droite de cette maison.

27. Et je vis ces brebis brûler, et leurs os (eux-mêmes) brûlaient.

28. Et je me levai pour voir jusqu'à ce qu'il plia cette vieille maison[217], et on emporta toutes les colonnes, et toutes les poutres ainsi que les ornements de cette maison furent pliés avec elles, et on les emporta et on les jeta dans un lieu à droite de la terre.

29. Et je vis jusqu'à ce que le Seigneur des brebis apporta une nouvelle maison[218], plus grande et plus élevée que la première, et il la dressa à la place de la première qui avait été pliée. Et toutes ses colonnes étaient neuves, et ses ornements neufs et elle était plus grande que la première vieille (maison) qu'il avait emportée, et toutes les brebis étaient au milieu.

30. Et je vis toutes les brebis qui restaient, et tous les animaux qui étaient sur la terre, et tous les oiseaux du ciel se prosterner, adorer ces brebis et les supplier, et leur obéir au moindre mot[219].

31. Ensuite ces trois qui étaient vêtus de blanc me prirent par la main, c'étaient ceux qui m'avaient enlevé

---

[217] *Il plia cette vieille maison* : disparition de l'ancienne Jérusalem.

[218] *Une nouvelle maison.* C'est l'établissement de la nouvelle Jérusalem, Cf. Zacharie, II, 2-5 ; XIV, 10, 11 ; Ezech., XL-XLVIII ; Is., LIV, 11-12 ; LX ; Aggée, II, 9 ; Hébr., XI, 16 ; in, 22 ; Apoc., XXI ; et dans les Apocryphes de l'Ancien Testament : IV Esdras, VII, 26 ; XIII, 36 ; Apoc. de Baruch, XXXII, 2.

[219] Conversion des Gentils. Dans la nouvelle Jérusalem, tous les peuples seront soumis aux Juifs et leur obéiront, et toutes les nations viendront invoquer le vrai Dieu. Cf. Is., XIV, 2 ; LIV, 3-14 ; Michée, IV ; Zach., VIII, 20-23 ; XIV, 16-19, etc.

d'abord, et la main de ce bélier[220] me tenant, ils me firent monter et me firent asseoir au milieu des brebis, avant que le jugement n'eût lieu.

32. Et ces brebis étaient toutes blanches[221] et leur toison, grande et pure.

33. Et toutes celles qui avaient péri et avaient été dispersées, et toutes les bêtes sauvages et tous les oiseaux du ciel[222] se réunirent dans cette maison, et le Seigneur des brebis se réjouit d'une grande joie parce qu'ils étaient tous bons et qu'ils étaient revenus à sa maison.

34. Et je vis jusqu'à ce qu'elles (les brebis) déposèrent l'épée[223] qui avait été donnée aux brebis, et elles la rapportèrent dans la maison, et on la scella en présence du Seigneur ; et toutes les brebis furent appelées dans cette maison, mais elle ne les contint pas.

35. Et leurs yeux à toutes s'ouvrirent[224] et elles y virent bien, et il n'y en eut pas une seule qui ne vit au milieu d'elles.

36. Et je vis que cette maison était grande et spacieuse et tout à fait pleine.

37. Et je vis qu'un taureau blanc naquit, et ses cornes étaient grandes, et toutes les bêtes sauvages et tous les

---

[220] Ce bélier pourrait être Élie ; mais, dans le passage en question, Élie est désigné comme étant une brebis et non un bélier.

[221] Ces brebis étaient toutes blanches. C'est le symbole de leur innocence.

[222] Ce ne seront pas seulement les justes morts avant l'ère messianique, ou les Juifs de la dispersion, qui participeront au royaume, mais encore les Gentils (bêtes sauvages, oiseaux du ciel), qui n'ont pas opprimé Israël et qui n'ont pas été abîmés dans la terre (v. 15 et 18). Le royaume messianique est absolument universel.

[223] Elles déposèrent l'épée, probablement celle qui a été donnée aux brebis (v. 19). C'est la paix universelle qui s'établit. On scelle l'épée, pour que la guerre soit définitivement abolie.

[224] Leurs yeux s'ouvrirent. Il n'y aura plus d'idolâtres, tous les peuples reconnaîtront le vrai Dieu.

oiseaux du ciel le craignaient et le suppliaient en tout temps[225].

38. Et je vis jusqu'à ce que furent changées toutes leurs espèces, et ils devinrent tous des taureaux blancs, et le premier au milieu d'eux devint un buffle [et ce buffle était un grand animal], et il avait sur sa tête de grandes cornes noires, et le Seigneur des brebis se réjouit sur lui et sur tous les taureaux[226].

---

[225] D'après ce passage, ce serait seulement après l'établissement de la nouvelle Jérusalem que serait né le Messie, représenté par le taureau blanc aux grandes cornes. Ce passage prouve donc bien la différence d'origine de cette section et du *livre des Paraboles* dont l'auteur affirme la préexistence du Messie (cf. XLVIII, 2, et lxx, 1) et nous le montre prenant part au jugement et à l'établissement du royaume messianique (cf. LXIII, 1-2). Pour accorder les deux doctrines, il faudrait supposer — ou bien que l'auteur rompt ici avec la suite chronologique des événements, dont il se préoccupe assez peu ; il tient avant tout à donner un tableau complet du royaume messianique ; il n'oublie donc pas le personnage principal, le Messie ; mais il ne prend pas garde qu'il aurait dû le faire entrer en scène au début de l'ère messianique ; — ou bien, qu'il ne faut pas prendre dans un sens strict l'expression « naquit », mais y voir seulement l'équivalent de « il apparut ». Le Messie apparaît pour recevoir éternellement les hommages des peuples dans son royaume définitivement établi. Toutes les nations se prosterneront devant lui. — Si l'auteur est fidèle à son symbolisme, il conçoit le Messie comme un homme, puisqu'il le représente par un taureau, et comme un homme juste, puisque c'est un taureau blanc.

[226] *Ils devinrent tous des taureaux blancs.* Il n'y a plus de distinction entre les Gentils et Israël ; tous sont des taureaux blancs, c'est-à-dire de fidèles adorateurs de Dieu. Le Messie lui-même voit croître sa puissance, car il se transforme en un taureau aux grandes cornes noires. Les mss. éthiopiens ont tous lu « le premier au milieu d'eux devint la parole ». L'original hébreu portait probablement *re'ém*, « taureau, buffle. » Le traducteur grec, ne comprenant pas ce terme, l'aura simplement transcrit. Le traducteur éthiopien, venant ensuite, a traduit par *naqar*, « parole ».

39. Et moi j'étais couché au milieu d'eux, et je me réveillai après avoir tout vu[227].

40. Et telle est la vision que je vis lorsque j'étais couché[228] ; puis je m'éveillai, et je bénis le Seigneur de justice, et je lui rendis gloire.

41. Après cela, je versai des larmes abondantes[229], et mes larmes ne s'arrêtèrent pas jusqu'à ce que je ne pus plus y tenir quand je voyais, elles coulaient sur ce que je voyais, car tout viendra et sera accompli ; et toutes les actions des hommes m'ont été montrées l'une après l'autre.

42. Et dans cette nuit je me rappelai mon premier songe[230], et je pleurai et je me troublai à son sujet parce que j'avais vu cette vision.

---

[227] *Je me réveillai après avoir tout vu*, c'est-à-dire « je compris tout ».
[228] Lorsque j'étais couché. Cf. LXXXV, 1.
[229] Hénoch pleure sur les maux qui vont arriver au peuple d'Israël.
[230] Mon premier songe. Cf. LXXXIII-LXXXIV.

CINQUIÈME PARTIE : LIVRE DE L'EXHORTATION ET DE LA MALÉDICTION[231]

Chapitre XCI – Exhortations d'Hénoch à ses enfants. Prédictions sur le châtiment des pécheurs

1. Maintenant donc, mon fils Mathusala, convoque auprès de moi tes frères, réunis autour de moi tous les enfants de ta mère[232], car une voix m'appelle et un esprit[233] s'est répandu sur moi pour que je vous montre tout ce qui sous arrivera jusqu'à l'éternité.

2. Et là-dessus Mathusala s'en alla convoquer tous ses frères auprès de lui (Hénoch) et il rassembla ses parents.

3. Et il (Hénoch) parla à tous les enfants de justice et dit : « Écoutez, enfants d'Hénoch, toutes les paroles de votre père et prêtez bien l'oreille à la voix de ma bouche, car c'est vous que j'exhorte et je vous dis : Bien chers, aimez la vérité et marchez en elle.

---

[231] La Ve partie se compose d'une sorte de prologue, XCI, 1-11 et 18-19, et XCII, qu'il faudrait peut-être replacer avant ici, à cause du titre « Écrit composé par Hénoch », et de trois sections caractérisées par la prédominance successive de l'exhortation aux justes ou de la malédiction des pécheurs : 1re section, XCIV-XCVLI, exhortations aux justes à persévérer dans le bien, motifs d'espérer ; 2e section, XCVIII-CII, 3, malédictions contre les pécheurs ; 3e section, CII, 4-CVII, nouvelles exhortations aux justes : l'auteur cherche surtout à les affermir dans la croyance à la vie et à la rétribution futures.

[232] Les enfants de ta mère. *Le Livre des secrets d'Hénoch* nous donne les noms de ces enfants. Ce sont Mathusalem, Regim, Riman, Ukhan, Khermion, Gaidal (LVII, 2, et I, 10).

[233] *Une voix m'appelle et un esprit.* Charles traduit : « la parole m'appelle et l'esprit », etc. L'absence d'article en éthiopien autorise les deux traductions.

4. Et n'approchez pas de la vérité avec un cœur double[234], ne vous associez pas avec ceux qui ont un cœur double, mais marchez dans la justice, ô mes enfants : elle-même vous conduira dans les bonnes voies et la justice sera votre compagne.

5. Car, je le vois, l'état de violence devient plus grand sur la terre, aussi un grand châtiment s'accomplira sur la terre ; toute injustice sera consommée et sera coupée de ses racines, et tout son édifice périra.

6. L'injustice recommencera s'accomplir sur la terre[235], et elle contiendra deux fois plus d'œuvres d'injustice, d'oppression et de péché !

7. Mais lorsque, en toute œuvre, l'injustice, le péché, le blasphème et la violence auront grandi, quand la perversité, le crime et l'impureté auront grandi, un grand châtiment viendra du ciel sur tout cela et le Seigneur saint sortira en fureur avec un fléau pour faire un jugement sur la terre.

8. En ces jours, la violence sera tranchée de sa racine, et les racines de l'injustice aussi bien que (celles de) la ruse, et elles seront détruites sous les cieux.

9. Et toutes les idoles des païens et (leur) temple seront livrés au feu ardent[236]. On les chassera de toute la

---

[234] *Un cœur double.* Cf. Ps. XII, 3 : « On parle avec des lèvres flatteuses et un cœur double » (litt. : avec un cœur et un cœur). Ecclésiastique, I, 28 : « Ne t'adonne pas à elle (la crainte du Seigneur) avec un cœur double » ; Jac., I, 8 : « Homme à deux âmes. La fin du verset accuse une parenté manifeste avec Sagesse, VIII, 2-8.

[235] Ces versets annoncent une double série de crimes et un double châtiment. Le premier châtiment qui suivra les premières manifestations de l'injustice sera le déluge. Il n'extirpera pas le mal. L'injustice recommencera plus grande que jamais. C'est alors que viendra le « grand châtiment », c'est-à-dire le jugement final.

[236] D'après ce passage, tous les païens sans distinction seraient réprouvés. Au contraire, d'après le v. 14, les impies seuls seraient

terre et ils seront jetés dans le supplice du feu, et ils seront détruits par la colère et par un supplice terrible, qui sera éternel.

10. Alors, les justes surgiront de leur sommeil[237], la sagesse aussi se lèvera et leur sera donnée.

11. Alors, les racines de l'injustice seront coupées et les pécheurs périront par l'épée ; les impies seront retranchés en tous lieux, et ceux qui méditent la violence et ceux qui commettent le blasphème périront par l'épée[238].

12. Et maintenant je vais vous dire, ô mes enfants, et vous montrer les voies de la justice et celles de la violence ; et je vous ferai voir de nouveau comment vous connaîtrez ce qui doit arriver.

13. Et maintenant écoutez-moi, mes enfants, et marchez dans les sentiers de la justice et n'allez pas dans les sentiers de la violence, car ils périront à jamais tous ceux qui vont dans la voie de l'injustice.

---

frappés dans la neuvième semaine. — Nous croyons, avec Charles, que l'Apocalypse des semaines est un fragment antérieur, inséré par l'auteur dans son œuvre, sans souci des contradictions qu'il pouvait présenter avec ses propres doctrines.

[237] Résurrection des justes. Cf. LI, 1, 2 ; LXI, 5 ; XCII, 3 ; C, 5.

[238] Le v. 11 est une répétition du v. 8, combiné avec le v. 12. Elle n'est pas à sa place ici, après la conclusion du jugement final. Il est probable qu'elle est l'œuvre du dernier rédacteur, qui a voulu justifier par cette transition le déplacement des v. 12-17. Ces versets appartiennent en réalité à *l'Apocalypse des semaines*, dans laquelle nous les avons replacés. Charles pense même que les v. 18 et 19 doivent être reportés à la fin de *l'Apocalypse des semaines* pour former une transition avec le ch. XCIV. C'est à tort, croyons-nous ; cette transition n'est pas nécessaire à cet endroit, car le début du ch. XCIV en forme une. Ici, au contraire, elle amène tout naturellement «l'écrit composé par Hénoch» du ch. XCII, et elle est tout à fait dans le ton des premiers versets du ch. XCI ; il faut donc maintenir, semble-t-il, les v. 18 et 19 à la fin de ce chapitre.

Chapitre XCII – Récompense des justes. Destruction des pécheurs

1. Écrit composé par Hénoch[239]. Hénoch écrivit donc toute cette doctrine de sagesse, — objet de la louange de tous les hommes et juge de toute la terre —, pour tous mes enfants qui habitent sur la terre et pour les générations futures qui feront le bien et la paix.

2. Que votre esprit ne s'attriste pas au sujet des temps, car le Grand et le Saint a donné des jours pour tout[240].

3. Et le juste[241] se réveillera de son sommeil ; il se lèvera et il avancera dans les voies de la justice, et toutes ses voies et sa carrière seront dans la vertu et dans la clémence éternelles.

4. Il (le Grand et le Saint) sera propice au juste, il lui donnera une éternelle justice et il lui donnera la puissance, et lui (le juste) sera dans la vertu et dans la justice et il marchera dans une lumière éternelle[242].

5. Mais le péché sera perdu dans les ténèbres pour toujours ; il ne paraîtra donc plus dès ce jour jusqu'à l'éternité.

---

[239] Cf. Sagesse, VII, 22-23.

[240] Le Saint a donné des jours pour tout. Voir Job, XXIV, 1 ; Ecclésiaste, III, 1-17.

[241] Le juste dans tout ce chapitre doit s'entendre collectivement des hommes justes en général.

[242] Ire Épître de s. Jean, II, 10-11. «Celui qui aime son frère demeure dans la lumière, et il n'y a en lui aucun sujet de chute. Mais celui qui hait son frère est dans les ténèbres.»

Chapitre XCIII – Apocalypse des semaines. Prédictions d'Hénoch sur les dix semaines qui s'écouleront depuis sa naissance jusqu'à la fin des temps

1. Ensuite Hénoch enseigna[243] et il se mit à parler d'après les livres.

2. Et Hénoch dit : « Au sujet des enfants de justice, au sujet des élus du monde et au sujet de la plante d'équité[244], voici ce que je vous dirai et vous ferai connaître, mes enfants, moi, Hénoch, selon qu'il m'a été révélé par une vision des cieux, et que je (l')ai appris par la voix des saints anges, et que je (l')ai compris par les tablettes du ciel. »

3. Hénoch commença donc à parler d'après les écrits et il dit : « Moi, le septième[245], je suis né dans la première semaine, alors que le droit et la justice duraient encore.

---

[243] *Enseigna*, litt. « donna », *wahaba.* » Cf. Dillmann, *Lexicon*. Le ch. XCIII + CI, 12-17, contient ce qu'on appelle *l'Apocalypse des semaines*, morceau qui n'est évidemment pas à sa place dans la Ve partie et qui renferme un tableau de l'histoire du monde divisée en dix semaines ou périodes, dont chacune est caractérisée par un grand événement : première semaine, naissance d'Hénoch ; deuxième, déluge ; troisième, vocation d'Abraham ; quatrième, la Loi mosaïque et l'entrée dans la terre promise ; cinquième, la construction du temple ; sixième, apostasie d'Israël et destruction du temple ; septième, la publication des écrits d'Hénoch. Ces sept semaines résument l'histoire du passé. Dans les trois dernières semaines, Hénoch prédit l'histoire de la fin des temps : huitième, établissement du royaume messianique et reconstruction du temple ; neuvième, révélation de la vraie religion à tous les hommes ; dixième, jugement final, nouveaux cieux, bonheur sans fin. Comme au ch. LXXXIX, v. 59, l'histoire est donc renfermée ici dans le cadre fourni par le nombre mystique de 70 (7 x10).

[244] La plante d'équité. Voir supra, X, 16, et sur « les tablettes du ciel », XLVII, 3.

[245] Dans la Genèse, v. 21, Hénoch figure comme le septième des patriarches à compter d'Adam. Cf. Jude, 14 : « Hénoch, le septième depuis Adam ».

4. Et après moi, dans la seconde, surviendra un grand mal ; la mauvaise foi pullulera, et en elle (cette semaine) aura lieu la première consommation et alors un homme sera sauvé. Et après que cette (semaine) sera achevée, l'injustice croîtra[246] et il (Dieu) fera une loi pour les pécheurs[247].

5. Et ensuite, dans la troisième semaine, vers sa fin, un homme sera élu comme plante de juste jugement[248], et après cela il croîtra en plante de justice pour l'éternité.

6. Et ensuite, dans la quatrième semaine, sur sa fin, les visions[249] des saints et des justes apparaîtront, et une loi pour les générations des générations et un enclos leur seront préparés.

7. Et ensuite, dans la cinquième semaine, sur sa fin, une maison de gloire et de domination sera édifiée pour l'éternité[250].

8. Et ensuite, dans la sixième semaine, ceux qui y vivront seront tous aveuglés[251], et leur cœur à tous tombera dans l'impiété, loin de la sagesse, et alors un homme mon-

---

[246] L'injustice apparaîtra sur la terre après Hénoch ; une première fois elle sera punie par le déluge. Noé sera sauvé ; mais l'injustice relèvera la tête et croîtra de plus belle.

[247] La loi que Dieu fera pour les pécheurs est l'alliance toute de miséricorde qu'il doit conclure avec Noé après le déluge Genèse, VIII, 21-22.

[248] Vocation d'Abraham.

[249] Les visions sont les prodiges et les manifestations divines qui accompagnent l'Exode des israélites, « les justes et les saints » ; la loi est la Loi mosaïque, loi éternelle promulguée sur le Sinaï ; l'enclos, la terre promise.

[250] Construction du Temple. Il sera détruit sans doute, mais pour se relever plus glorieux que jamais dans la nouvelle Jérusalem.

[251] Aveuglement des Israélites ; idolâtrie et abominations qui suivent le schisme des dix tribus ; ascension d'Élie, voir supra, LXXXIX, 52 ; destruction de Jérusalem et du Temple par les Chaldéens, II Reg., XXV, 9-10 ; dispersion et captivité de la race élue.

tera (au ciel), et à la fin de cette (semaine) la maison de domination sera consumée par le feu, et alors sera dispersée toute la race à racine puissante.

9. Et ensuite, dans la septième semaine[252], s'élèvera une génération perverse ; nombreuses seront ses œuvres, mais toutes ses œuvres (seront) abomination.

10. Et à la fin de cette (semaine), les justes élus (rejetons) de la plante de justice éternelle, seront élus pour qu'il leur soit donné au septuple[253] la science de toute sa création (de Dieu).

11. Car quel est l'enfant des hommes qui peut entendre la voix du Saint[254] sans en être troublé, et qui peut penser sa pensée, et qui peut contempler toutes les œuvres du ciel[255] ?

12. Quel est celui qui peut voir le ciel, et quel est-il celui qui peut connaître l'œuvre du ciel[256] ? Et comment verrait-il une âme ou un esprit, et pourrait-il (en) parler ou

---

[252] La septième semaine s'étend depuis la captivité jusqu'à l'époque de l'auteur. La génération perverse est celle des Juifs qui s'allient aux femmes étrangères sous Esdras et qui embrassent les mœurs et les coutumes grecques. Voir LXXXIX, 73-75.

[253] L'auteur fait allusion aux nombreuses productions scientifiques, apocalyptiques et haggadiques, qui virent le jour de son temps, et avant tout à son propre ouvrage. Il se croit un des justes élus pour recevoir au septuple la science de la création. Voir supra, XXXVII, 4 ; Job, XXXII, 8, 18 ; Sagesse, VII, 15-21.

[254] La voix du saint serait le tonnerre, d'après Dillmann, Charles et Beer, etc. Cf. Job, XXXVII, 4-5.

[255] Dillmann admet que ce passage est le développement naturel et authentique du v. 10. Nous croyons, au contraire, avec Laurence, Hoffmann, Schodde, Charles et Beer, qu'ils sont déplacés et qu'ils appartiennent à une autre partie du livre. Ils ne sont pas du tout dans le ton de *l'Apocalypse des semaines.*

[256] Allusions aux voyages d'Hénoch dans le ciel, dans le monde des âmes et des esprits. Voir supra, ch. XVII et s.

montrer et voir toutes leurs extrémités[257], et les comprendre ou agir comme eux ?

13. Et quel est l'enfant des hommes qui peut comprendre quelle est la largeur et la longueur de la terre, et à qui ont été montrées toutes (leurs) mesures[258] ?

14. Ou bien existe-t-il un homme qui puisse connaître la longueur du ciel ainsi que sa hauteur, sur quelle (base) il est affermi, combien est grand le nombre des étoiles, et où reposent toutes les lumières ?

15. Et ensuite, il y aura une autre semaine, la huitième ; ce sera celle de la justice ; une épée[259] lui sera remise pour qu'il soit fait jugement et justice des oppresseurs, et les pécheurs seront livrés aux mains des justes.

16. Et vers sa fin (de la huitième semaine), ils (les justes) acquerront des maisons à cause de leur justice ; et une maison sera élevée pour le grand Roi[260], dans une splendeur éternelle.

17. Et après cela, dans la neuvième semaine, le jugement de justice sera dévoilé à tout l'univers[261], et toutes les œuvres des impies disparaîtront de la terre entière, et

---

[257] *Extrémités*, litt. ailes ; 1 les extrémités du ciel, d'après Charles et Beer ; mais la fin du verset ou *agir comme eux*, ne permet pas de compléter ainsi le texte. L'auteur semble entendre par ce mot « extrémités », le fond de la nature des esprits.

[258] Voir Job, XXXVIII, 4, 5.

[259] Avec la huitième semaine, s'ouvre l'ère messianique. Israël triomphe de ses ennemis par l'épée.

[260] Cf. Isaïe, LX, 21, 22 ; LXV, 20-23. La maison élevée au grand roi est le Temple de la nouvelle Jérusalem, supra, XC, 29 et s.

[261] Dieu fera connaître à l'univers le jugement qu'il a fait exécuter par les justes sur les impies ; v. 12 ; tout mal disparaîtra, et tous les peuples connaîtront les voies du bien, c'est-à-dire le vrai Dieu et sa religion.

le monde sera inscrit pour la perdition, et tous les hommes verront les voies du bien[262].

18. Et après cela, dans la dixième semaine, dans (sa) septième partie, aura lieu le grand jugement éternel dans lequel il exercera la vengeance au milieu des anges[263].

19. Et le premier ciel disparaîtra et passera, et un ciel nouveau paraîtra, et toutes les puissances des cieux brilleront éternellement sept fois plus[264].

20. Et après cela (viendront) des semaines nombreuses qui s'écouleront innombrables, éternelles, dans la bonté et dans la justice[265], et dès lors le péché ne sera plus nommé jusqu'à l'éternité.

Chapitre XCIV – Exhortations aux justes[266]. Malédictions contre les impies

1. Maintenant donc je vous dis, mes enfants, aimez la justice et marchez en elle, car les voies de la justice sont dignes qu'on les suive[267], mais les voies de l'iniquité passeront et disparaîtront soudain.

---

[262] Voir Jérémie, XXXI, 37 ; Isaïe, XL, 12 ; Job, XI, 8-9.

[263] Le jugement définitif des veilleurs a lieu ici après l'établissement des temps messianiques. Au ch. XC, v. 21 et s., il a lieu au début de ces mêmes temps et il est suivi du jugement des pasteurs et des mauvaises brebis (les pécheurs), qui le précède ici.

[264] *Sept fois plus*, Cf. Isaïe, XXX, 26. Dans ce verset, l'auteur ne parle que de la rénovation des cieux : XCV, 4-5, il annonce la rénovation des cieux et de la terre comme Isaïe, LXV, 17 ; CXVI, 22. Voir II Ép. de s. Pierre, III, 11-13 ; Jubilés, I, 29.

[265] Conclusion de l'Apocalypse des semaines : bonheur éternel des justes.

[266] XCIV-XCVII. Ire section de la Ve partie : exhortation aux justes à persévérer dans le bien.

[267] *Qu'on les suive* (Ps. I, 6), litt. : qu'on les accepte. Cf. I Tim., I, 15.

2. À certains hommes de la génération future seront révélées les voies de la violence et de la mort, et ils s'en éloigneront et ne les suivront pas[268].

3. Et maintenant, à vous justes, je dis : n'allez pas dans une voie mauvaise, ni dans les voies de mort ; et n'en approchez pas, pour ne pas périr.

4. Mais recherchez et choisissez pour vous la justice et une vie excellente, et marchez dans les sentiers de la paix pour vivre et être heureux.

5. Et retenez ma parole dans la réflexion de votre cœur, et qu'elle ne s'efface pas de votre cœur ; car je sais que les pécheurs tenteront les hommes pour qu'ils changent la sagesse en mal[269], on ne lui trouvera pas de place (à la sagesse) et aucune épreuve ne diminuera.

6. Malheur à ceux qui édifient l'iniquité et l'oppression et fondent sur la fraude, car ils seront renversés soudain et il n'y aura pas pour eux de paix.

7. Malheur à ceux qui édifient leurs maisons par le péché, car de tous leurs fondements ils seront arrachés et ils tomberont sous le glaive, et ceux qui possèdent de l'or et de l'argent périront soudain dans le jugement[270].

8. Malheur à vous, riches, parce que vous vous confiez dans vos richesses ; vous en serez privés, parce que vous

---

[268] Dieu montrera à certains hommes les voies dont ils devront s'éloigner. Ces hommes sont Moïse et les Prophètes, d'après Charles et Beer. À en juger par le contexte, l'auteur a plutôt en vue les justes en général. Il ne dit pas, comme il l'aurait fait de Moïse et des Prophètes, que Dieu les avait chargés d'éclairer les autres hommes sur les voies à éviter.

[269] Les pécheurs, c'est-à-dire les Sadducéens et les hellénisants tenteront les Juifs pour leur faire abandonner la Loi et embrasser les coutumes grecques, « qui est changer la sagesse en mal », litt. « faire la sagesse mal ».

[270] Voir Jérémie, XXII, 13.

ne vous êtes pas souvenus du Très-Haut aux jours de votre richesse.

9. Vous avez commis le blasphème et l'iniquité, vous êtes mûrs pour le jour de l'effusion du sang, pour le jour de ténèbres et pour le jour du grand jugement[271].

10. Ainsi moi je vous dis et je vous annonce que celui qui vous a créés vous renversera, et sur votre ruine il n'y aura pas de pitié, et votre créateur se réjouira de votre destruction[272].

11. Et vos justes[273] en ces jours seront un reproche pour les pécheurs et pour les impies.

Chapitre XCV – Tristesse d'Hénoch. Nouvelles malédictions

1. Qui donnera à mes yeux de devenir un nuage d'eau ? et je pleurerai sur vous et je répandrai mes larmes comme un nuage d'eau et je soulagerai la tristesse de mon Cœur.

2. Qui vous a donné de faire la haine et le mal ? Aussi le jugement vous atteindra, vous pécheurs[274].

---

[271] Toutes ces locutions : *le jour de l'effusion du sang, le jour de Ténèbres, le jour du grand jugement, le jour de la ruine, le jour de l'affliction et de la grande misère, le grand jugement, le jugement éternel,* désignent le jugement final et universel qui sera rendu par le Messie.

[272] L'auteur prête à Dieu un sentiment tout à fait contraire à l'esprit de la Bible.

[273] *Vos justes,* les justes que comptera votre descendance. Hénoch parle à ses enfants.

[274] Ce verset est un centon composé de textes de la Bible : Comme les aigles, voir Isaïe, XL, 31 ; votre nid sera plus élevé que celui du vautour, voir Jérémie, XCIX, 16 ; Job, XXXIX, 27, 28 ; vous monterez, etc., emprunté à Isaïe, II, 19-21, qui décrit par ces paroles la fuite des pécheurs devant la face de Jéhovah. Notre auteur leur a donc donné un sens tout opposé à celui du prophète, en les appliquant aux justes mis à l'abri des poursuites des méchants. Comme des sirènes.

3. Me craignez pas les pécheurs, ô justes, car le Souverain de l'univers les livrera de nouveau[275] entre vos mains pour que vous rendiez contre eux un jugement, comme il vous plaira.

4. Malheur à vous, qui lancez des anathèmes[276] qu'on ne puisse pas rompre. Le remède est loin de vous à cause de votre péché

5. Malheur à vous, qui rendez le mal à votre prochain, car vous recevrez selon vos œuvres[277].

6. Malheur à vous, témoins de mensonge et à ceux qui pèsent l'injustice[278], car vous périrez soudain !

7. Malheur à vous, pécheurs, parce que vous persécutez les justes, car vous-mêmes vous serez livrés et persécutés par l'injustice, et son joug s'appesantira sur vous !

Chapitre XCVI – Motifs d'espérance pour les justes, de crainte pour les pécheurs

1. Ayez confiance, ô justes, car les pécheurs seront bientôt anéantis devant vous et vous aurez sur eux le pouvoir que vous voudrez.

2. Et au jour de l'affliction des pécheurs, vos petits se dresseront et s'élèveront comme les aigles votre nid sera

---

Le mot éthiopien *isêdanât*, que nous avons rendu par « sirènes », est employé dans la Bible éthiopienne pour rendre différents mots hébreux que les Septante, au moins en deux passages, ont traduits par *seïmenes* ; Isaïe, XIII, 21, et Jérémie, XXVII, 39.

[275] *Les livrera de nouveau.* Dans les temps messianiques, Dieu livrera les pécheurs aux justes, comme il l'a fait déjà dans certaines circonstances de l'histoire d'Israël.

[276] Des anathèmes, c'est-à-dire des sortilèges ou maléfices dont rien ne pouvait détruire le charme dans la pensée de leurs auteurs.

[277] Cf. Matth., VI, 15 ; VII, 2 ; Rom., XII, 17.

[278] Faux témoins et juges iniques.

plus élevé que (celui du) vautour ; comme l'écureuil, vous monterez et vous pénétrerez pour toujours dans les cavernes de la terre et dans les anfractuosités des rochers, loin de la face des méchants, qui gémiront et pleureront sur vous comme des sirènes.

3. Ne craignez donc pas, vous qui souffrez, car il y aura un remède pour vous, une claire lumière luira pour vous, et du ciel vous entendrez la voix du repos.

4. Malheur à vous, pécheurs, parce que votre richesse vous donne l'apparence des justes, mais votre cœur vous convainc que vous êtes pécheurs, et cette parole témoignera contre vous[279], pour rappeler les iniquités.

5. Malheur à vous qui dévorez la fleur du froment et (qui) buvez la force du principe de la source[280], et (qui) dans votre force foulez aux pieds les humbles.

6. Malheur à vous, qui buvez de l'eau en tout temps[281], car soudain vous recevrez votre récompense : vous serez consumés et desséchés parce que vous avez délaissé la source de vie.

7. Malheur à vous qui commettez l'injustice, la fraude et le blasphème contre vous il y aura un mémorial en mal.

---

[279] *Cette parole*, la parole de votre cœur qui vous convainc de péché ; on pourrait traduire aussi *nagar*, « cette chose », votre hypocrisie.

[280] La force du principe de la source, c'est-à-dire la meilleure des eaux de source.

[281] 6. Qui buvez de l'eau en tout temps, ou qui avez tout à souhait. Avoir toujours de l'eau fraîche à disposition est l'expression concrète du bonheur en Orient : les Assyriens souhaitaient aux ombres des morts de boire de l'eau pure. Lorsque l'ombre d'Eabani apparaît à Gilgamesh, elle apprend à son ami que, dans le royaume des morts, « ceux qui sont tombés dans le combat, étendus sur un lit de repos, boivent de l'eau pure ». *Épopée de Gilgamesh*, tablette XII, dans Jensen. Les impies ont préféré l'eau matérielle à l'eau de la source de vie, c'est-à-dire les plaisirs des sens à ceux qu'on goûte au service de Dieu. Cf. Jérémie, II, 13 ; XVII, 13 ; Ps. XXXVI, 10.

8. Malheur à vous, puissants, qui par la violence opprimez le juste, car le jour de votre perte arrive ; en ces jours, au temps de votre châtiment, il y aura pour les justes des jours nombreux et bons[282].

Chapitre XCVII – Malheur à ceux qui commettent l'injustice et qui possèdent des richesses mal acquises

1. Ayez confiance, justes, parce que les pécheurs seront livrés à l'opprobre, et ils seront anéantis au jour de l'iniquité[283].

2. Vous saurez, (pécheurs,) que le Très-Haut se souvient de votre perte, et que les anges du ciel se réjouissent de votre perte.

3. Qu'allez-vous faire, pécheurs, et où fuirez-vous en ce jour du jugement, lorsque vous entendrez l'accent de la prière des justes[284].

4. Vous serez comme ceux contre lesquels témoignera cette parole : « Vous avez été les complices des pécheurs[285]. »

5. Et dans ces jours, la prière des justes parviendra auprès du Seigneur, et pour vous arriveront les jours de votre jugement.

---

[282] Annonce des temps messianiques.

[283] Le jour de l'iniquité : le jour où l'iniquité recevra son châtiment.

[284] Cf. CII, 1. Les justes demanderont à Dieu, dans leur prière, de les venger des persécutions des pécheurs. Voir infra. v. V ; II-XII, 1-4 ; XCIX, 3, 16 ; CIV, 3 ; Apocalypse, VI, 10 : Et ils crièrent d'une voix forte, en disant : « Jusques à quand, ô Maître saint et véritable, ne ferez-vous pas justice et ne redemanderez-vous pas notre sang à ceux qui habitent sur la terre ? »

[285] Voir XCVI, 4 ; « malgré les apparences, vous avez agi en pécheurs ».

6. On lira[286] devant le Grand et le Saint toutes vos paroles d'injustice, votre face sera couverte de confusion et toute œuvre fondée sur l'injustice sera rejetée.

7. Malheur à vous, pécheurs, qui êtes au milieu de la mer ou sur l'aride : leur souvenir[287] vous sera funeste.

8. Malheur à vous qui possédez de l'argent et de l'or (acquis) par l'injustice ! Vous dites : « Nous sommes riches, nous avons de la fortune et nous possédons tout ce que nous avons désiré[288]. »

9. Et maintenant, réalisons nos projets, car nous avons accumulé l'argent, nos trésors (en) sont pleins comme d'eau, et nombreux sont les laboureurs de nos maisons. »

10. Comme de l'eau aussi s'écouleront vos illusions, car la richesse ne vous restera pas[289] ; mais soudain elle s'envolera loin de vous, parce que c'est par l'injustice que vous l'avez toute acquise, et vous-mêmes serez livrés à une grande malédiction.

Chapitre XCVIII – Les mauvaises actions sont connues de Dieu : malheur aux insensés et aux pécheurs[290] !

1. Et maintenant, moi, je vous jure vous, sages et fous, que vous verrez beaucoup de choses sur la terre.

---

[286] On lira les livres dans lesquels toutes les actions des hommes ont été inscrites. Cf. LXXXI, 4 ; XC, 20 ; XCVIII, 7, 8 ; CIV, 7.

[287] Tous les endroits où ont passé les pécheurs ont gardé le souvenir des fautes qu'ils y ont commises, et ils en témoigneront contre eux.

[288] Voir supra, XCIV, 7-8 ; Ecclésiastique, XI, 17, 21 ; Luc, XII, 16-21. L'auteur de l'Apocalypse, III, 17, place ces paroles entendues dans un sens spirituel dans la bouche de « l'ange de l'Église de Laodicée » : « Tu dis : Je suis riche, j'ai acquis de grands biens, je n'ai besoin de rien. »

[289] Voir Ecclésiaste, V, 12, 13 ; VI, 2 ; Prov., XXIII ; Luc, XII, 20.

[290] 2ᵉ section de la Vᵉ partie : malédictions contre les pécheurs.

2. Car vous, hommes, vous mettez sur vous plus d'ornements qu'une femme et plus de couleurs qu'une vierge[291] ; dans l'empire, dans la grandeur et dans le pouvoir, et dans l'argent et l'or, la pourpre, les honneurs et les bons mets, ils se répandent comme l'eau !

3. Parce qu'ils n'ont ni doctrine ni sagesse, à cause de cela ils seront perdus avec leurs biens et avec toute leur splendeur et leurs honneurs ; et dans l'opprobre, dans le carnage et dans une grande pauvreté leur esprit sera jeté dans une fournaise de feu[292].

4. Je vous jure à vous, pécheurs, que de même qu'une montagne n'est (jamais) devenue et ne deviendra un serviteur, ni une colline une servante[293], ainsi le péché n'a pas été envoyé sur la terre ; mais les hommes l'ont fait d'eux-mêmes, et ils seront en grande malédiction ceux qui l'auront commis.

5. Et la stérilité n'a pas été donnée (par la nature) à la femme[294], mais c'est à cause de l'œuvre de ses mains qu'elle meurt sans enfants.

6. Je vous jure à vous, pécheurs, par le Saint et le Grand, que toute votre œuvre mauvaise est manifeste

---

[291] Voir Amos, VI, 4-6.

[292] Les méchants seront dépouillés de leurs honneurs et de leurs richesses, et leur esprit, non leur corps, semble-t-il, sera jeté dans une fournaise de feu. Matth., XIII, 42, 50 : « Ils les jetteront, les méchants dans la fournaise ardente. »

[293] La comparaison est assez étrange ; le Livre des Jubilés, XXX-VII, 20-25, en contient de conçues dans le même goût. Pour comprendre celle de notre auteur, il faut se rappeler qu'un hébreu *har*, « montagne, » est du masculin, et *gibe'âh*, « colline, » du féminin. L'auteur répond, dans ce verset, à ceux qui imputent leurs fautes aux penchants irrésistibles de la nature et qui en rejettent la responsabilité sur le Créateur. Cf. Jac., I. 13-15.

[294] C'est le péché qui a amené la stérilité de la femme (voir Osée, IX, 14), une des plus grandes malédictions dans l'Ancien Testament, et tous les maux dont souffrent les hommes. Cf. Job, v. 7 ; Rom., V, 12.

dans les cieux et qu'il n'est pas en vous d'œuvre de violence qui soit cachée et secrète[295].

7. Et ne pensez pas dans votre esprit et ne dites pas dans votre cœur que vous ne saviez pas et que vous ne voyiez pas que tout péché est écrit tous les jours dans le ciel en présence du Très-Haut.

8. Désormais, vous saurez que toute votre violence que vous exercez est écrite tous les jours[296] jusqu'au jour de votre jugement.

9. Malheur à vous, insensés, car vous serez perdus par votre folie ; vous avez fait le mal contre les sages et le bonheur ne vous viendra pas.

10. Et maintenant, sachez que vous êtes prêts pour le jour de la ruine[297], et n'espérez point de vivre, ô pécheurs ; mais vous passerez et vous mourrez, car vous ne connaissez pas de rançon[298], car vous êtes prêts pour le jour du grand jugement et pour le jour de l'affliction et de la grande misère (réservées) à votre esprit.

11. Malheur à vous, au cœur épais, qui faites le mal et mangez le sang[299] ; d'où mangez-vous si bien, vous, et buvez-vous et vous rassasiez-vous ? De tous les biens que le Seigneur très haut a accumulés sur la terre, aussi n'aurez-vous pas de paix.

---

[295] Voir supra, XCVII, 6 ; Job, XVII, 13 ; Ps. LXXIII, 11 ; Isaïe, XXIX, 15 ; Ezéchiel, VIII, 12.

[296] La publication des écrits et des avertissements d'Hénoch ne laisse aucune excuse aux pécheurs.

[297] Il n'y a aucun espoir de vie pour les pécheurs, ni de la vie mortelle ni de la vie éternelle, comme le prouvent les mots : « vous êtes prêts pour le jour du grand jugement ».

[298] *Vous ne connaissez pas de rançon.* Matth., XVI, 26 : « Que donnera un homme en échange de son Ame ? »

[299] L'auteur commence ici l'énumération des crimes des pécheurs. Le premier de ces crimes est le mépris qu'ils affichent de la Loi (Gen., IX, 4 ; Actes, XV, 29) en mangeant le sang ; allusion aux hellénisants.

12. Malheur à vous qui chérissez l'iniquité ; pourquoi vous promettez-vous le bonheur ? Sachez que vous serez livrés aux mains des justes : ils vous couperont la tête et ils vous mettront à mort, et ils n'auront pas pitié de vous.

13. Malheur à vous qui vous réjouissez de l'affliction des justes, car il ne sera pas creusé de tombe pour vous[300].

14. Malheur à vous qui déclarez vaine la parole des justes, car il n'est pas pour vous d'espérance de vie[301].

15. Malheur à vous qui écrivez des paroles de mensonge et des paroles d'impies, car ils écrivent leurs mensonges pour qu'on (les) écoute et qu'on oublie le reste[302] ; ils n'auront point de paix, mais ils mourront d'une mort soudaine.

Chapitre XCIX – Malheur aux impies, aux transgresseurs de la loi, aux idolâtres, etc. Bonheur de ceux qui marchent dans la voie de la justice

1. Malheur à ceux qui commettent des impiétés et qui louent et glorifient la parole de mensonge : vous serez détruits et vous[303] n'aurez pas une vie de bonheur.

---

[300] Voir Isaïe, XIV, 19, 20 ; Jérémie, VIII, 2 ; XXII, 19. Les Babyloniens considéraient aussi la privation de sépulture comme une source d'afflictions et de misères pour les ombres condamnées à errer sans repos, *Épopée de Gilgamesh*, tablette XII : « Celui dont le cadavre gît sur le sol, — l'as-tu vu ? Oui, je l'ai vu —, son ombre est sans repos sur la terre. »

[301] Les pécheurs qui déclarent vaines les paroles par lesquelles les justes réprouvent le péché, affirment leur foi et leur espérance (voir Sagesse, II, 12-20), subiront le châtiment prédit au v. 10.

[302] Allusion aux polémiques soutenues à cette époque par les hellénisants ou les Sadducéens contre les Pharisiens, « les justes ». Ils cherchaient à séduire le peuple par leurs écrits et à faire oublier « le reste », c'est-à-dire la Loi.

[303] Passage de la deuxième personne à la troisième. Voir infra, v. 12. Nous avons déjà signalé d'autres exemples de ce changement, assez

2. Malheur à ceux qui changent les paroles de vérité[304] et transgressent la loi éternelle et se font, ce qu'ils n'étaient pas, pécheurs : sur la terre ils seront foulés aux pieds.

3. En ces jours préparez-vous, ô justes, à rappeler vos prières et à les placer en témoins devant les anges[305] pour qu'ils fassent souvenir le Très-haut du péché des pécheurs.

4. En ces jours, les peuples s'agiteront et les familles des peuples[306] se lèveront au jour de la destruction.

5. Et en ces jours, ceux qui seront réduits à la misère sortiront et déchireront leurs enfants et les rejetteront et leurs fils tomberont loin d'eux, et ils rejetteront leurs enfants à la mamelle, et ils ne reviendront pas à eux et ils n'auront pas pitié de leurs bien-aimés[307].

6. De nouveau, moi je vous jure à vous, pécheurs, que le péché est mûr pour le jour où le sang ne cessera pas[308] (de couler).

7. Et ceux qui adorent la pierre, et ceux qui fabriquent des images d'or et d'argent, de bois et d'argile, et ceux qui

---

fréquent en éthiopien et dans les autres langues sémitiques. À la fin du chapitre précédent, v. 15, l'auteur avait maudit les auteurs d'écrits pernicieux ; ici il anathématise leurs partisans, les tenants de l'hellénisme.

[304] Malheur à ceux qui abandonnent la Loi mosaïque pour embrasser les coutumes grecques. Ils étaient nés dans la vraie religion, ils étaient en quelque sorte justes de naissance ; ils se sont faits païens, pécheurs ; ils ont apostasié.

[305] Voir XCVII, 3 et 5. Sur l'intercession des anges, cf. IX, 2-11. Apoc., VIII, 3-4 : « Puis il vint un autre ange, et il se tint près de l'autel, un encensoir d'or à la main ; on lui donna beaucoup de parfums pour qu'il fît une offrande des prières de tous les saints, sur l'autel d'or qui est devant le trône ; et la fumée des parfums, formée des prières des saints, monta de la main de l'ange devant Dieu. »

[306] Période de l'épée. Voir Matth., XXIV, 4 : « On verra s'élever nation contre nation, royaume contre royaume. »

[307] Aux querelles des nations viendront se joindre les discordes des familles. Cf. Matth., XXIV, 10.

[308] Nouvelle prédiction de la période de l'épée (v. 4).

adorent les esprits mauvais et les démons et toute sorte d'idoles, sans discernement[309], aucun secours ne leur viendra d'elles.

8. Ils tombent dans l'impiété à cause de la folie de leur cœur[310], et leurs yeux sont obscurcis par la pusillanimité de leur cœur et par la vision de leurs rêves.

9. Par elles, ils commettent l'impiété et ils tremblent, car ils ont fait toutes leurs œuvres dans le mensonge et ils ont adoré la pierre[311] : c'est pourquoi ils seront perdus en un clin d'œil.

10. Et en ces jours, heureux tous ceux qui reçoivent la parole de sagesse et la comprennent, qui pratiquent les voies du Très-Haut et marchent dans la voie de sa justice, et (qui) ne commettent pas l'impiété avec les impies, car ils seront sauvés.

11. Malheur à vous qui étendez le mal jusqu'à vos proches[312], car vous serez mis à mort dans le *scheol*[313].

12. Malheur à vous qui employez une mesure de péché et de fraude, et qui déversez l'amertume sur la terre, car pour cela ils seront consumés[314].

13. Malheur à vous qui édifiez vos maisons par le travail des autres : tous leurs matériaux sont briques et pierres de péché ; je vous le dis, vous n'aurez point de paix[315].

---

[309] Condamnation des idolâtres. — La leçon *sans discernement* est imposée par le texte de Tertullien, qui cite ce passage, *De idol.*, IV.

[310] L'idolâtrie est la source de tous les autres péchés. Cf. Osée, IV, 13-14 ; Sagesse, XIV, 12-31 ; Rom., I, 21-32 ; Apoc., IX, 20-21.

[311] Sous l'impulsion de ces craintes superstitieuses qui les agitent, les idolâtres commettent toutes sortes d'impiétés ; toutes leurs œuvres se font dans le mensonge, c'est-à-dire au service des idoles qui ne répondent à aucune réalité.

[312] Qui étendez le mal jusqu'à vos proches, c'est-à-dire peut-être qui les entraînez au mal.

[313] Par *scheol*, l'auteur entend ici le lieu de l'éternel châtiment.

[314] Voir Prov., XI, 1 ; Amos, VIII, 5 ; Osée, XXI, 8.

14. Malheur à ceux qui répudient la mesure et l'héritage éternel de leurs pères, et dont l'âme s'attache aux idoles[316], car il n'y aura pas de repos pour eux.

15. Malheur à ceux qui commettent l'injustice et prêtent leur aide à la violence, et (qui) égorgent leurs compagnons jusqu'au jour du grand jugement[317].

16. Car il jettera à terre votre gloire, et il mettra le mal en vos cœurs, et il suscitera sa colère, et son esprit vous détruira tous par le glaive, et tous les justes et les saints[318] se souviendront de votre péché.

Chapitre C – Les pécheurs s'extermineront les uns les autres. Au jour du grand jugement, les anges veilleront sur les justes, tandis que les pécheurs iront brûler dans une fournaise de feu

1. Et en ces jours, en un seul lieu, les pères seront frappés avec leurs fils, et les frères tomberont avec leurs proches dans la mort jusqu'à ce que coule comme un fleuve de leur sang[319].

2. Car l'homme n'empêchera pas sa main de tuer son fils et le fils de son fils[320], et le pécheur n'empêchera pas

---

[315] Cf. supra, XCIV, 7 ; XCVII, 8 ; Jérémie, XXII, 13 ; Jac., V, 4.

[316] Nouvelle condamnation des apostats qui désertent la vraie foi, la foi de leurs pères, pour embrasser la religion et les coutumes des païens. Voir Jér., XIII, 2.

[317] Cf. Matth., XXIV, 9.

[318] Les justes et les saints se souviendront de votre péché, pour le rappeler à Dieu et demander vengeance.

[319] Sur le fleuve de leur sang, voir Isaïe, XXXIV, 3-7.

[320] Cf. Isaïe, III, 5 ; Ezéchiel, XXXVIII, 21 ; Aggée, II, 22 ; Zach., XIV, 13 ; Matth., X, 21 : « Le frère livrera son frère à la mort, et le père son enfant. »

sa main de (tuer) son frère chéri ; depuis l'aurore jusqu'au coucher du soleil ils s'entr'égorgeront.

3. Et le cheval avancera jusqu'à ce que son poitrail (baigne) dans le sang des pécheurs, et le char jusqu'à ce que sa partie supérieure soit submergée[321].

4. Et en ces jours, les anges descendront dans un lieu caché, ils rassembleront sur un seul point tous ceux qui ont fait descendre le péché[322] (sur la terre) : et en ce jour du jugement, le Très-Haut se lèvera pour rendre le grand jugement au milieu des pécheurs.

5. Et il donnera des gardiens d'entre les anges saints à tous les justes et les saints[323] ; ils les garderont comme la prunelle de l'œil, jusqu'à ce qu'il consume tout mal et tout péché et si les justes dorment d'un long sommeil, ils n'auront rien à craindre.

6. Et les hommes sages verront la vérité, et les enfants de la terre[324] comprendront toutes les paroles de ce livre, et ils reconnaîtront que leur richesse ne peut pas les sauver dans la ruine de leur péché.

---

[321] Cf. Apocal., XIV, 20.

[322] Ceux qui ont fait descendre le péché sont les anges qui ont séduit les filles des hommes. Voir VI à XIX. Sur le rôle des anges au jour du jugement, voir Matth., XIII, 39, 41, 49.

[323] Il est probable que ce passage ne doit pas s'entendre des justes vivants, mais de leurs âmes qui sont confiées après leur mort à la garde des anges, en attendant que Dieu ait consumé tout mal et tout péché. Leur *long sommeil* est le temps qui s'écoulera entre leur mort et leur résurrection. Quelque long qu'il soit, les justes sont assurés de ressusciter pour jouir du bonheur éternel. Cf. Deutér., LXXII, 10 ; Ps. XVII, 8 ; XCI.

[324] L'auteur oppose ici les justes ou *hommes sages* aux pécheurs ou enfants de la terre. Voir *le peuple de la Terre* c'est-à-dire les populations païennes de la Judée, dans Esdras, IV, 4. Les uns et les autres reconnaîtront au jour du jugement combien ces avertissements étaient fondés ; mais pour les pécheurs il sera trop tard. Voir Sophonie, I, 48.

7. Malheur à vous, pécheurs, si vous affligez les justes au jour de l'angoisse terrible et (si) vous les brûlez dans le feu vous recevrez la récompense de vos œuvres[325].

8. Malheur à vous, épais de cœur, qui veillez pour concevoir le mal : l'épouvante va s'emparer de vous et personne ne vous secourra[326].

9. Malheur à vous, pécheurs, pour la parole de votre bouche et pour l'œuvre de vos mains qu'a faite votre impiété : dans une fournaise de flamme, vous brûlerez[327].

10. Et maintenant, sachez que vos actions seront recherchées par les anges dans le ciel, et par le soleil, par la lune et par les étoiles, à cause de votre péché, car sur la terre vous rendez le jugement contre les justes[328].

11. Et tout nuage et nuée et rosée et pluie témoignera contre vous, car ils vont tous refuser de descendre sur vous et ils penseront à vos péchés.

12. Offrez donc des présents à la pluie pour qu'elle ne refuse pas de descendre sur vous, et à la rosée, si elle accepte de vous l'or et l'argent, pour qu'elle descende[329].

13. Lorsque fondront sur vous les frimas et la neige, leur froid et tous les tourbillons de neige et tous leurs

---

[325] Allusion aux persécutions qu'Antiochus Épiphane ou Jannée firent subir aux Juifs fidèles. Cf. II Mach., VII. Le jour de l'angoisse terrible désigne la période où ces persécutions atteignirent leur apogée, à moins que ces mots ne soient déplacés et qu'il ne faille lire : « Malheur à vous, pécheurs, au jour de l'angoisse terrible (c'est-à-dire du jugement dernier), si vous affligez », etc.

[326] Voir Isaïe, XXIX, 20.

[327] Vous brûlerez dans le feu, châtiment final réservé aux pécheurs pour les méfaits décrits aux versets 7 et 8.

[328] Non seulement les anges, mais encore les astres, témoins des crimes des pécheurs, rendront témoignage contre eux. Il en sera de même des éléments : la pluie et la rosée refuseront de descendre sur eux en se souvenant de leurs fautes.

[329] Apostrophe ironique.

tourments, en ces jours vous ne pourrez pas tenir devant eux[330].

Chapitre CI — Exhortation à la crainte du Tout-Puissant : toute la nature tremble devant lui, à l'exception des pécheurs

1. Enfants du ciel, considérez le ciel et toute l'œuvre du Très-Haut, et tremblez devant lui et ne faites pas le mal en sa présence[331].

2. S'il ferme la fenêtre du ciel et s'il empêche la pluie et la rosée de tomber sur la terre à cause de vous, que ferez-vous ?

3. Et s'il envoie contre vous sa colère à cause de toutes vos œuvres, il n'y aura pas à le supplier, car vous prononcez contre sa justice des paroles superbes et impudentes ; aussi vous n'aurez pas de paix.

4. Et ne voyez-vous pas les pilotes des navires, comment leurs navires sont agités par les flots et secoués par les vents, et tombent en danger[332].

5. Et à cause de cela, ils craignent que toutes leurs belles richesses n'aillent dans la mer avec eux, et ils ne pensent rien de bon dans leur cœur ; (ils pensent) que la mer les dévorera et qu'ils y périront.

---

[330] De même que Dieu refuse aux pécheurs les éléments bienfaisants, il leur rend intolérables les rigueurs du froid et de la neige.

[331] L'auteur, dans ce verset, s'adresse aux justes, les enfants du ciel, par opposition aux « enfants de la terre ». Il les appelle ailleurs « les enfants de Dieu ». Dans tout le reste du chapitre, il invective les pécheurs.

[332] La fin du chapitre, 4-9, est résumée dans le v. 9 : la mer remplit de crainte les marins, comment les pécheurs ne craindraient-ils pas Dieu qui l'a faite ! Cf. Sagesse, XIV, 1 ; Ecclésiastique, XXXIII, 2 ; XVII, 24.

6. Toute la mer et toutes ses eaux et tout son mouvement ne sont-ils pas l'œuvre du Très-Haut ; et n'a-t-il pas mis son sceau[333] sur toute son action (de la mer), et ne l'a-t-il pas enchaînée tout entière dans le sable ?

7. À sa réprimande elle tremble et elle se dessèche, et tous ses poissons périssent ainsi que tout ce qu'elle contient, et vous, pécheurs, qui êtes sur la terre, vous ne le craignez point !

8. N'a-t-il pas fait le ciel et la terre et tout ce qu'ils contiennent ? Et qui a donné la science et la sagesse[334] à tous ceux qui se meuvent sur la terre et dans la mer ?

9. Les pilotes des navires ne craignent-ils pas la mer, et les pécheurs ne craignent pas le Très-Haut !

Chapitre CII – Terreur des derniers jours. Malheur apparent des justes[335]

1. En ces jours, s'il jette sur vous un feu terrible, où fuirez-vous et comment vous sauverez-vous ? Et s'il lance sa parole contre vous, ne serez-vous pas consternés et ne tremblerez-vous pas[336] ?

---

[333] Cf. Jérémie, V, 22 ; Isaïe, C, 2 ; Job, XXXVIII, 8-11 ; Ps. LXXXIX, 10, etc. Dieu a mis son sceau sur l'action de la mer pour la diriger et la modérer à son gré.

[334] Par la science et la sagesse, l'auteur entend la raison humaine et l'instinct des animaux, Voir Job, XXXVIII. 36-41, etc.

[335] IIe section de la Ve partie : nouvelles exhortations aux justes. Elles tendent surtout à les affermir dans l'espoir de la vie future contre le scepticisme des Sadducéens.

[336] L'auteur revient au jugement dernier. Si les pécheurs ne craignent pas Dieu sur la terre, il n'en sera pas de même à la fin des temps, lorsque le feu du châtiment les atteindra et que Dieu prononcera contre eux la parole de la condamnation définitive.

2. Et tous les luminaires seront pris d'une grande crainte, et la terre entière sera consternée, tremblera et se troublera[337].

3. Et tous les anges accompliront leur mission[338] et ils voudront se cacher devant la grande gloire, et les enfants de la terre trembleront et se troubleront : mais vous, pécheurs, vous serez éternellement maudits, et il n'y aura pas de paix pour vous.

4. Ne craignez pas, vous, âmes des justes, et ayez confiance, vous qui êtes morts dans la justice.

5. Et ne vous attristez pas parce que votre âme est descendue dans le *scheol* dans la tristesse, et que votre chair n'a pas reçu pendant votre vie selon votre vertu, mais qu'au contraire (elle est descendue dans le *scheol*) en un jour où vous êtes devenus (comme) pécheurs, et au jour de la malédiction et du châtiment[339].

6. Lorsque vous mourez, les pécheurs disent de vous : « Comme nous sommes morts, les justes sont morts, et quel profit ont-ils retiré de leurs œuvres ?

7. Voici que, comme nous, ils sont morts dans la tristesse et dans les ténèbres, et qu'ont-ils de plus que nous ? Désormais nous sommes égaux.

8. Et qu'emporteront-ils et que verront-ils dans l'éternité ? Car voici qu'ils sont morts, eux aussi, et désormais ils ne verront plus jamais la lumière.

---

[337] Phénomènes qui accompagneront le jugement dernier. Voir Matth., LXIV, 29.

[338] Les anges accompliront leur mission, en exécutant les jugements de Dieu.

[339] La fin de ce verset est probablement altérée. L'auteur semble exhorter les justes à ne pas s'attrister de ce qu'ils ont été traités en apparence comme des pécheurs ; en mourant comme eux, ils ont paru subir une malédiction et un châtiment qu'ils ne méritaient pas.

9. Je vous dis[340] : « Vous, pécheurs, il vous suffit de manger et de boire, de piller et de pécher, de dépouiller les hommes et d'acquérir des richesses, et de voir des jours heureux.

10. N'avez-vous pas vu quelle a été la fin des justes ? Aucune violence n'a été trouvée en eux jusqu'à leur mort.

11. Et ils ont péri (cependant), et ils ont été comme s'ils n'avaient pas été, et leurs âmes sont descendues dans le *scheol* dans l'affliction. »

Chapitre CIII — Solution de l'énigme apparente qu'est la vie des justes. Nouvelles objections des pécheurs

1. Mais maintenant, je vous jure à vous, justes, par la gloire du Grand, du Glorieux et du Puissant en domination, et par sa grandeur[341] je vous jure à vous :

2. Moi, je connais le mystère, je l'ai lu sur les tablettes du ciel et j'ai vu l'écrit des saints[342], et j'y ai trouvé écrit et gravé à leur sujet (des justes), que tout bien et joie et honneur a été préparé, et écrit pour les âmes de ceux qui sont morts dans la justice, et que de nombreux biens vous

---

[340] L'auteur revient encore sur l'inutilité apparente de la vertu des justes. Les pécheurs ne songent qu'à jouir et à faire le mal. N'ont-ils pas vu, en effet, que les justes meurent tout comme les autres ? À toutes ces objections, il va répondre dans le chapitre suivant, mais en s'adressant d'abord aux justes pour les réconforter.

[341] Le plus solennel des serments qu'a fait l'auteur.

[342] C'est dans les tablettes du ciel, dans l'écrit qui concerne les saints ou dans le livre écrit par les anges, que l'auteur a trouvé la solution de l'énigme, la clef du mystère qu'est la vie des justes ici-bas.

seront donnés en récompense de vos travaux, et que votre sort sera meilleur que celui des vivants[343].

3. Et vos âmes, à vous qui êtes morts dans la justice, vivront et se réjouiront et exulteront, et elles ne périront pas, vos âmes, et leur mémoire ne passera pas devant la face du Grand dans toutes les générations du monde ; désormais vous ne craindrez plus leur déshonneur.

4. Malheur à vous qui mourez, pécheurs, si vous mourez dans la richesse de vos péchés[344] et que ceux qui vous ressemblent disent de vous : « Heureux ces pécheurs : ils ont vu tous leurs jours.

5. Et maintenant, ils sont morts dans le bonheur et dans les richesses, et ils n'ont pas vu pendant leur vie l'affliction et le meurtre ils sont morts dans la gloire et il n'a pas été rendu de jugement sur eux pendant leur vie. »

6. Vous saurez qu'on fera descendre vos élues dans le *scheol* ; elles (y) seront malheureuses et leur affliction sera grande[345].

7. Et votre âme entrera dans les ténèbres et dans les liens et dans une flamme ardente, là où aura lieu le grand châtiment, et le grand châtiment durera dans toutes les générations du monde ; malheur à vous, car vous n'aurez pas de paix.

8. Ne dites pas des justes et des bons qui sont en vie : « Aux jours de leur vie, ils ont beaucoup travaillé et ils ont vu toute affliction, ils ont éprouvé des maux nombreux et

---

[343] Le bonheur promis ici aux âmes des justes est celui qui suivra leur sortie du *scheol* par la résurrection et le jugement final.

[344] Dans la richesse de vos péchés, c'est-à-dire dans la richesse acquise par vos péchés, ou dans la multitude de vos péchés.

[345] Réponse à ceux qui célèbrent le bonheur des pécheurs. Le *scheol* n'est plus ici le lieu où se rendent toutes les âmes après la mort, celles des justes comme celles des pécheurs, en attendant le jugement final ; il est l'enfer proprement dit, le lieu du châtiment éternel.

ils ont été consumés et diminués[346] et leur âme s'est rapetissée[347].

9. Ils sont perdus et ils n'ont trouvé personne qui les secoure, pas même d'un mot et en rien ils sont accablés de douleur et ils sont perdus, et ils n'espèrent pas voir la vie d'un jour à l'autre[348].

10. Ils espéraient être la tête et ils sont la queue. Ils ont souffert en travaillant, et ils ne disposent pas du fruit de leur travail ; ils sont la nourriture des pécheurs, et les méchants ont appesanti leur joug sur eux[349].

11. Ils les ont dominés, ceux qui les haïssent et ceux qui les frappent ; et devant ceux qui les haïssent, ils ont baissé la tête, et ils n'ont pas eu pitié d'eux.

12. Ils ont voulu s'éloigner d'eux pour fuir et se reposer, et ils n'ont pas trouvé où s'enfuir et leur échapper[350].

13. Et ils les ont accusés auprès des princes dans leur affliction, et ils ont crié contre ceux qui les dévorent, mais ils ne font pas attention à leur cri et ils ne veulent pas écouter leur voix.

14. Ils aident ceux qui les dépouillent et les dévorent, et ceux qui ont diminué leur nombre, et ils cachent leur violence, et ils n'enlèvent pas de sur eux le joug de ceux qui les dévorent, les dispersent et les tuent[351] ; ils cachent

---

[346] Les pécheurs reprennent en le développant le thème de CII, 6-8. Si on mettait les verbes à la première personne avec Dillmann, en plaçant par conséquent ce discours dans la bouche des justes, il faudrait admettre que ceux-ci font un retour amer sur leurs épreuves de la vie terrestre.

[347] Leur âme s'est rapetissée, c'est-à-dire a été humiliée ou abattue.

[348] Le soir, ils n'espèrent pas être encore en vie le lendemain.

[349] Cf. Deutér., XXVIII, 13, 30, 31, 44, 43.

[350] Ce verset fait probablement allusion à des faits du genre de ceux qui sont racontés I Mach., II, 31-38, et II Mach., IV, 33-34.

[351] Ces versets contiennent certainement des allusions aux persécutions que les Sadducéens ou les hellénisants firent subir aux Pharisiens

leur meurtre, et ils ne se souviennent pas qu'ils (les méchants) ont élevé leurs mains contre eux.

Chapitre CIV – Assurances données aux justes. Apostrophe aux pécheurs et aux falsificateurs de la parole de vérité

1. Je vous le jure à vous[352] :dans le ciel les anges se souviennent de vous en bien[353], en présence de la gloire du Grand ; et vos noms sont écrits[354] en présence de la gloire du Grand.

2. Espérez, car d'abord vous avez été affligés dans le malheur et dans la souffrance, mais maintenant vous brillerez comme les luminaires du ciel. Vous brillerez et vous apparaîtrez, et la porte du ciel s'ouvrira devant vous[355].

3. Et de votre cri, criez justice et elle vous apparaîtra, car toute votre affliction sera recherchée sur les princes et sur tous ceux qui ont aidé ceux qui vous dépouillent.

---

ou aux Juifs fidèles. D'après Charles, pris littéralement, ils viseraient le meurtre des Pharisiens sous Jannée ; les « princes » seraient donc les derniers Macchabées, oppresseurs des Pharisiens, et ces versets prouveraient que la Ve partie a été écrite entre 94 et 64 av. J.-C. À eux seuls, ces arguments ne sont pas concluants ; les « princes » pourraient être tout aussi bien les Séleucides ; les expressions de l'auteur s'appliquent très exactement aux événements rapportés II Mach., III, 4-6 ; IV, 43-50.

[352] Au lieu de répondre directement aux pécheurs, l'auteur s'adresse aux justes pour les engager à ne pas se laisser émouvoir par ces objections et pour les affermir dans l'espérance de la vie future.

[353] *Les anges se souviennent* des justes en priant Dieu pour eux, en lui exposant leurs mérites et leurs épreuves.

[354] Les noms des justes sont écrits dans le livre des vivants.

[355] Voir Daniel, XII, 3. La porte du ciel s'ouvrira devant vous : bonheur éternel promis aux justes ; voilà pourquoi l'auteur ne parle ici que du ciel et non d'une nouvelle terre.

4. Espérez et ne renoncez pas à votre espoir, car vous jouirez d'une grande joie comme les anges des cieux[356].

5. Que ferez-vous ? Vous n'aurez pas à vous cacher au jour du grand jugement[357], vous ne serez pas trouvés pécheurs, et le jugement éternel aura lieu loin de vous pour toutes les générations du monde.

6. Et maintenant ne craignez pas, ô justes, quand vous voyez les pécheurs fermes et heureux dans leur voie, et ne vous associez pas à eux, mais éloignez-vous de leur violence, car vous aurez part au sort de l'armée du ciel.

7. Vous dites, en effet, vous, pécheurs : « Ne recherchez pas et n'écrivez pas tous nos péchés. » On écrit tous vos péchés tous les jours[358].

8. Et maintenant je vais vous montrer que la lumière et les ténèbres, le jour et la nuit voient tous vos péchés.

9. Ne soyez pas impies dans vos cœurs[359], ne mentez pas, n'altérez pas la parole de vérité et n'accusez pas de mensonge la parole du Saint et du Grand, et ne prisez pas vos idoles, car tous vos mensonges et toutes vos impiétés ne vous seront pas imputés à justice, mais à grand péché.

10. Et maintenant, je sais ce mystère : les pécheurs altéreront et dénatureront fort la parole de vérité, et ils proféreront des paroles mauvaises, et ils mentiront et ils

---

[356] Ils sont comme les anges de Dieu dans le ciel ;» Marc, XII, 5 ; Luc, XX, 36.

[357] Les justes n'auront pas à subir le jugement éternel, en ce sens que leur innocence sera déjà manifeste. Le mot « jugement » doit d'ailleurs s'entendre ici d'une sentence de condamnation.

[358] Les anges inscrivent tous les jours les péchés de tous les hommes.

[359] Nouvelle condamnation des écrits des Sadducéens et de leurs interprétations de l'Écriture qu'ils chercheront à propager par leurs livres.

inventeront de grandes faussetés, et ils écriront des livres sur leurs paroles[360].

11. Mais qu'ils écrivent toute ma parole selon la vérité, en leurs langues, et qu'ils n'altèrent pas et qu'ils n'abrègent pas mes paroles, mais qu'ils écrivent tout selon la vérité, tout ce que j'ai attesté au commencement à leur sujet, (dans ce cas), je sais un autre mystère : les livres seront donnés aux justes et aux sages pour (leur communiquer) la joie et la vérité et une grande sagesse.

12. Les livres leur seront donnés, et ils y croiront et ils s'en réjouiront et ils recevront la récompense, tous les justes qui y auront appris toutes les voies de vérité.

Chapitre CV – Dieu ordonne aux justes de publier la sagesse des écrits d'Hénoch

1. [361]En ces jours, le Seigneur ordonna (aux justes) d'appeler les enfants de la terre et de leur témoigner sur

---

[360] L'influence pernicieuse de ces écrits sera contre-balancée par l'influence bienfaisante des écrits d'Hénoch, à la condition que les hommes (« ils » ne peut désigner ici les pécheurs) les « écrivent », c'est-à-dire les traduisent exactement en leurs langues, le grec et peut-être l'araméen. Voir Ecclésiastique, prologue. Ainsi fidèlement traduits, les « écrits » d'Hénoch, que l'auteur vise les différentes parties de son œuvre ou d'autres livres perdus, donneront la joie et la sagesse aux justes, qui recevront « la récompense », c'est-à-dire la vie éternelle, pour avoir cru aux enseignements du Patriarche et pour les avoir pratiqués.

[361] Charles doute que ce chapitre appartienne à la Ve partie. Voir Charles, *The Book of Enoch*, p. 300 et 301. — L'auteur suppose que Dieu ordonne aux justes de rendre témoignage sur la sagesse qu'ils auront puisée dans ses écrits à lui Hénoch, et d'annoncer au monde les récompenses promises aux justes. Par enfants de la terre, il n'entend pas ici les pécheurs comme dans C, 6, et CII, 3, mais simplement « les hommes ».

leur sagesse : « Montrez (la) leur, car vous êtes leurs guides, ainsi que les récompenses (qui auront lieu) sur toute la terre.

2. [Car moi] et mon fils[362], nous leur serons unis éternellement dans les voies de la vérité pendant leur vie, et vous aurez la paix. Réjouissez-vous, enfants de la vérité ! Amen.[363]

---

[362] Mon fils, c'est-à-dire le Messie.

[363] Les dernières paroles du verset sont la véritable conclusion de la Ve et dernière partie du Livre d'Hénoch. Les ch. CVI-CVIII sont un appendice sans lien réel avec notre livre et dû à une autre main. Cet appendice comprend deux fragments complètement indépendants CVI-CVII et CVIII. Le premier, CVI-CVII, est un fragment d'une *Apocalypse de Noé*, comme nous en avons déjà rencontré (LXV-LXIX). D'après son auteur, Hénoch vivait encore lors de la naissance de Noé. Or, d'après le texte massorétique et celui des LXX, il était déjà mort à cette époque. Donc l'auteur du fragment a suivi la chronologie du texte samaritain qui fait vivre Hénoch encore cent quatre-vingts ans après la naissance de Noé.

Qohélet

L'ECCLÉSIASTE

UN TEMPS POUR TOUT

Traduit par Ernest RENAN

JDH
éditions

Préfacé par Jean-David Haddad

Suivez **JDH Éditions** sur les réseaux sociaux
pour en savoir plus sur les auteurs,
les nouveautés, les projets…

Inscrivez-vous à notre Newsletter sur
www.jdheditions.fr
Pour recevoir l'actualité de nos nouvelles
parutions